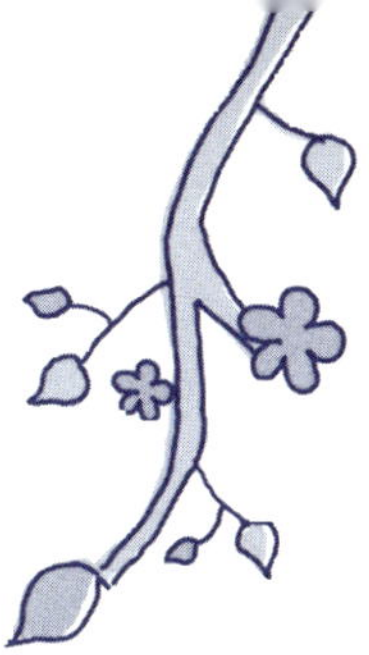

구원받은 이후에

박영덕 지음

생명의말씀사

구원받은 이후에
『이왕 믿은 김에』 개정판

ⓒ 생명의말씀사 2008

2008년 6월 16일 1판 1쇄 발행
2023년 12월 26일 17쇄 발행

펴낸이 | 김창영
펴낸곳 | 생명의말씀사

등록 | 1962. 1. 10. No.300-1962-1
주소 | 서울시 종로구 경희궁1길 6 (03176)
전화 | 02)738-6555(본사) · 02)3159-7979(영업)
팩스 | 02)739-3824(본사) · 080-022-8585(영업)

지은이 | 박영덕

기획편집 | 박미현
디자인 | 오수지, 임수경
일러스트 | 유재영
인쇄 | 영진문원
제본 | 보경문화사

ISBN 978-89-04-15760-0 (03230)

저작권자의 허락없이 이 책의 일부 또는 전체를
무단 복제, 전재, 발췌하면 저작권법에 의해 처벌을 받습니다.

구원받은 이후에

머리말

어떻게 주님 안에서 잘 믿을까?

주님을 만난 이후 교회와 캠퍼스에서 많은 젊은이들을 만났습니다. 그들을 만날 때마다 안타까운 마음을 금할 길이 없었습니다. 대부분이 신앙생활을 잘하고 싶은 바람은 있지만 완전히 뜨겁지도, 그렇다고 아예 차지도 않은 마음으로 밋밋한 신앙 생활을 하고 있을 뿐이었습니다. 본인들도 이런 상태를 답답해 하지만 별수 없이 하루하루를 살고 있었습니다. 이왕 믿었으면 잘 믿어야 할 텐데….

이 책은 이런 고민 속에서 쓰였습니다.
'어떻게 하면 그런 사람들의 신앙을 새롭게 하고 자라게 할 수 있을까?'

그러기 위해서는 신앙의 본질을 제대로 알고 바른 기초를 다시 세우는 작업이 필요합니다. 바울 사도는 유대인에게 "하나님께 열심이 있으나 올바른 지식을 따른 것이 아니라"롬10:2고 책망했고, 베드로 사도는 성도들에게 신앙 성숙을 강조하면서 "주님을 아는 지식에서 자라가라"벧후 3:18고 권면했습니다. 바른 지식 속에서만 바른 신앙 성숙이 있는 것입니다.

오래 전부터 이 책을 구상했으나 한국기독학생회(IVF) 간사로서 캠퍼스의 영혼들을 돌보면서 글을 쓰는 일이 쉽지 않았습니다. 그러다 마침 서울영동교회 청년들에게 '신앙 성숙'이라는 주제로 강의를 한 것이 계기가 되어 마침내 이 책이 나오게 된 것입니다. 이미 출간된 저의 졸저 「차마 신이 없다고 말하기 전에」(IVP 간)가 불신자 혹은 초신자를 대상으로 쓰여진 책이라면, 이 책은 신앙생활을 하는 모든 성도들의 신앙 성숙을 위한 것입니다. 이 책을 읽으시는 모든 성도들이 신앙의 본질을 잘 이해해서 더욱 성숙한 신앙인으로 자라나기를 소망합니다.

책이 나오기까지 수고해주신 모든 분들께 감사를 드리고 싶습니다.
어려운 여건에서 하나님 나라 확장을 위해 젊음을 드리고 있는 IVF 간사님들과, 또한 동일한 마음으로 이 시대를 바라보며 이름없이 빛도 없이 주님께 충성을 바치며 헌신하는 모든 학생 선교 단체 간사님들,

그리고 한국 교회를 마음에 품고 성경적인 지도자를 꿈꾸면서 지금까지 함께 한 아나톨레 동역자님께 감사의 마음을 전합니다.

개척 교회때부터 지금까지 함께 영적 전투에 참여한 사랑하는 주은혜교회 성도님들과 신앙 성숙을 사모하는 모든 한국 교회성도님들께 이 책을 바칩니다.

끝으로, 지금까지 어려움을 기쁘게 여기며 사랑과 헌신으로 함께한 사랑하는 아내와, 캠퍼스의 잃은 영혼을 바라보며 복음과 함께 고난받는 사랑스런 승주, 기택이를 기억합니다.

2008년 6월 박영덕

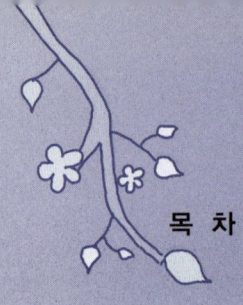

목 차

머리말 • 4

I 신앙의 주춧돌 놓기

1장: 구원의 확신 • 12
1. 구원의 근거 2. 구원의 목적
3. 거듭남과 헌신 4. 구원받은 자의 삶

2장: 하나님과의 교제 • 35
1. 기도 ; 영혼의 호흡 2. 말씀 ; 영혼의 양식

3장: 하나님의 인도 • 66
1. 왜 인도를 바라는가? 2. 올바른 인도
3. 잘못된 인도 4. 성경적 인도

II 신앙의 걸림돌 다루기

4장: 죄의 문제 • 82
1. 계속 짓는 죄 2. 죄의식 3. 죄와 벌

5장: 고난의 시험 • 99
1. 고난의 유익 2. 고난에 관한 오해
3. 고난받을 때 잘못된 태도 4. 고난받을 때 바른 태도
5. 어떻게 고난을 극복하는가?

구원받은 이후에

III 신앙의 징검다리 건너기

6장: 전도의 기쁨 • 118
1. 전도하지 않는 이유 2. 전도하는 방법
3. 전도의 실례 4. 전도시 유의할 점
5. 전도를 통해 얻은 교훈 6. 전도의 지속성

7장: 성도의 교제 • 149
1. 교제란 무엇인가? 2. 왜 교제해야 하는가?

IV 신앙의 버팀목 세우기

8장: 믿음의 가정 • 162
1. 이성교제에 대한 오해 2. 결혼 생활의 원리
3. 결혼 생활의 실례 4. 결혼 준비 5. 성, 결혼, 이혼

9장: 성령의 은사 • 190
1. 성령의 역사 2. 성령의 은사
3. 성경적 방언 4. 지체 의식

맺음말 • 218

예수님을 구세주와 주님으로 영접하여 거듭난 그리스도인은

주님 만나는 그 날까지 구원에 이르도록 자라가야 한다.

신앙성숙을 위해 갖추어야 할 신앙생활의 기본 요소는 무엇인가?

1·2·3장에 걸쳐 구원의 확신, 말씀과 기도를 통한 하나님과의 교제,

하나님의 인도하심에 대해 살펴보고자 한다.

I 신앙의 주춧돌 놓기

1장 구원의 확신

> ✝ "저 집사님, 신앙은 좋은데 욕심이 좀 많아!"
> 이렇게 무식한 말을 할 수 있는 용기는 도대체 어디서 나오는 걸까?

우리가 보통 "저 사람 신앙 참 좋다."고 말할 때, 무엇을 근거로 그렇게 말하는가? '신앙 좋다'는 말은 무엇을 의미할까? 교회생활을 착실히 하는 것인가? 하루에 성경을 20장씩 읽고, 매일 3시간씩 기도하며, 금식기도도 자주 하는 사람을 가리켜 하는 말인가? 그럴지도 모른다. 그러나 문제는 성경을 많이 읽고 기도 많이 한 결과 어떤 사람이 되었는가 하는 것이다. 신앙생활 열심히 해서 자기 욕심을 죽이면서 사는가? 이웃을 위해 손해보면서 사는가? 그렇다면 그 사람은 '신앙 좋은 사람'이다.

예를 들어 어떤 학생을 가리켜 공부 잘 한다고 말하는 것은 단순히 말해, 그 학생의 시험 성적이 좋다는 뜻이다. 놀지도 않고 잠도 서너 시간밖에 안자면서 열심히 공부하는데 성적은 꼴찌인 사람을 일컬어 공부를 잘 한다고 하지는 않는다.

신앙 좋다는 것, 다시 말해 신앙이 성숙하다는 것은 기도생활 열심히 하면서 성경 말씀대로 자신을 쳐 복종시켜 욕심대로 살지 않고 남을 섬기며 산다는 뜻이다. 어떤 사람은 교회를 오래 다녔거나 심지어 모태신앙인데도 여전히 욕심대로 살면서 남을 섬기지 않고 항상 자기 중심적으로 살기도 한다. 성경은 이런 사람을 가리켜 어린 자라고 한다. 어린 자는 교회에 다니긴 하지만 인격이나 삶을 들여다볼 때, 학교나 직장에서 만난 믿지 않는 사람과 비교해서 별로 구별되지 않는 사람이다.

예수 그리스도의 삶은 희생적인 삶이었다. 성숙한 신앙생활은 희생적인 삶, 손해보는 삶, 남을 섬기며 사는 삶이다. 예수님처럼 남을 위해 자신을 희생하며 다른 사람을 섬기는 사람을 가리켜 신앙 좋은 자라고 말할 수 있다. "믿음이 강한 우리는 마땅히 믿음이 약한 자의 약점을 담당하고 자기를 기쁘게 하지 아니할 것이라 우리 각 사람이 이웃을 기쁘게 하되 선을 이루고 덕을 세우도록"롬 15:1,2 해야 할 것이다. 이런 사람이 성숙한 자요 신앙이 좋은 사람이다. 즉 믿기 전에는 자기 욕심을 따라 자기 원하는 대로 살았지만, 믿은 이후에는 욕심을 억제하면서 주님의 뜻대로 살아가는 사람이 성숙한 사람이다엡 2:3.

현재 나 자신은 어디에 와 있는가? 1년 전보다 더 희생적이며 손해보는 삶을 살고 있는가? 만일 1년 전과 비슷하다면 오히려 자신의 신앙이 퇴보한 것으로 보아야 한다. 이것은 성숙을 원하는 주님의 뜻을 거스르는 일이다. 계속해서 거룩해져가는 것, 이것이 정상적인 신앙생활이다.

정리해 보자. 우리가 예수님을 믿기 전에는 자기 욕심대로, 자기가 원하는 대로 살았지만 예수님을 만난 후에는 달라졌다. 여기가 출발점이다. 이 출발점을 중생, 칭의, 회심이라고 한다. 성경은 이때부터 구원이란 말을 사용한다. 구원은 성경에서 보통 다음 3가지 의미로 사용된다.

1. 처음 예수님을 믿을 때 구원받는 것
2. 살면서 죄의 유혹을 이겨나가는 것
3. 최종적인 구원의 완성

우리는 처음에 예수님을 믿고 구원받은 후, 점점 성화(聖化)의 과정을 거쳐 영화(榮化)의 단계에 이른다. 영화는 주님을 온전히 닮은 상태, 즉 거룩한 상태를 말한다. 이는 '섬기는 삶', '이타적인 삶'이다. '남을 위해 사는 삶', 더 쉬운 말로 하면 '손해보는 삶', '남들이 보기에 바보 같은 삶'이다. 우리는 이런 목표를 향해서 가고 있다. 이런 의미에서 우리는 지금 성화의 과정에 있다고 할 수 있다.

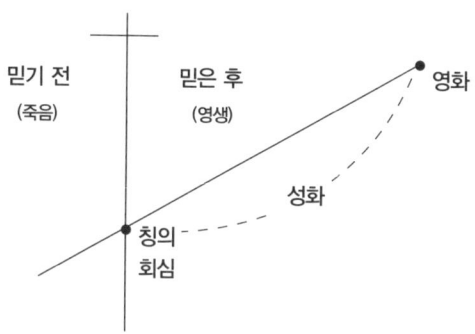

1. 구원의 근거

이전에 어느 청소년 집회에 간 적이 있었다. 기독학생면려회(SCE) 주최로 열린 집회였는데 150여 명의 학생이 모여 있었다.

"예수님 믿는 학생은 손 들어 보세요."

모두 다 손을 들었다.

"구원의 확신이 있는 사람 손 들어 보세요."

단지 3명의 학생만이 손을 들었다.

"손 들지 못한 학생들에게 묻겠는데, 여러분은 어떻게 해야 구원을 받는다고 생각하지요?"

"예수님을 믿으면요…."

나머지 학생들이 한 목소리로 대답했다.

분명히 예수님을 믿는다고 손은 들면서도 구원의 확신이 없는 이유는 무엇일까? 이것은 예수님을 믿는 것과 구원받는 것을 별개로 생각하기 때문이다. 실제로 구원의 확신에 관한 문제 때문에 몇 년씩 고민을 하는 사람이 있다. 이런 사람들은 웬만한 전도 집회는 다 참석하여 결신하는 시간마다 손을 들거나 일어선다.

만일 누가 나에게 "목사님, 당신은 어떻게 구원의 확신을 갖고 있습니까?"라고 묻는다면 대답은 간단하다. "저는 예수님을 믿습니다." 오직 그 한 가지 이유다. 생을 마치는 순간이 찾아올 때 반드시 구원받을 것을 아는데, 그것은 내가 예수님을 믿고 있기 때문이다. 하나님은 구원의 방법으로 예수님을 이 땅에 보내셨으며 그를 믿는 자마다 구원을 받는다고 약속하셨다. 우리는 단지 그 약속의 말씀을 붙잡는 것이다. '예수님을 믿기 때문에 구원을 받는다'는 사실 외에는 구원의 확신에 어떤 다른 근거도 있을 수 없다.

그런데도 많은 사람이 구원의 확신을 갖지 못하는 이유는 뭘까? 대부분 자신의 부족한 모습 때문에 자신감이 없어서이거나 혹은 자신에게는 아무 표적도 없는데 주위 사람들은 유별난 간증을 하기 때문이다.

> 하나님이 세상을 이처럼 사랑하사 독생자를 주셨으니 이는 그를 믿는 자마다 멸망하지 않고 영생을 얻게 하심이라_요 3:16

> 회개하고 복음을 믿으라_막 1:15

> 영접하는 자 곧 그 이름을 믿는 자들에게는 하나님의 자녀가 되는 권세를 주셨으니_요 1:12

이런 약속의 말씀들이 우리에게 구원의 확신을 주는 근거다. 약속의 말씀 외에 다른 근거를 찾지 말라. '내가 하나님을 떠난 죄인임을 인정하고, 그동안 불순종하여 자기 마음대로 살았던 죄를 회개하고, 이제는 나의 죄를 위해 십자가에 죽었다가 다시 살아나신 예수 그리스도를 나의 구세주요 주인으로 모셨다면 구원을 받은 것이다. 이 말씀을 붙잡고 하나님께 기도할 때에 마음속 깊이 '아, 내가 정말 하나님의 아들(딸)이구나. 하나님이 나의 아버지시구나.' 하는 것을 확신할 수 있다. "성령이 친히 우리 영과 더불어 우리가 하나님의 자녀인 것을 증언하신다"롬 8:16는 말씀에서 알 수 있듯이, 기도하는 가운데 성령님께서 우리가 하나님 자녀라는 확신을 주신다. 이는 마치 출생시 사진, 혈액형, 유전 인자 등 친권에 대한 특별한 증거를 따지지 않아도 우리 어머니가 친어머니임을 의심하지 않는 것과 마찬가지다. 자신이 하나님의 자녀라는 확신은 어떤 표적으로 확인되는 것이 아니라 '오직 예수 그리스도를 믿으면 구원을 받는다' 는 사실을 굳게 붙잡고 성령 안에서 기도할 때 자연스럽게 주어지는 것이다.

2. 구원의 목적

예수님을 믿으면 분명히 구원을 받는다.

'예수님을 믿기 때문에 나의 구원은 100% 확실하다. 그렇다면 이제부터 죄를 좀 지어도 되지 않을까?' 이제 또 다른 의문이 생길 수 있다.

이에 대해 바울 사도는 두 가지로 답변한다롬 6:1-23.

(1) 신분의 변화 : 의의 병기 롬 6:1-14

"구원이 확실하다면 죄를 좀 지으면 안 됩니까?"

"아니 그게 무슨 소리냐? 말이 되느냐? 너희는 세례받지 않았느냐?"

"무릇 그리스도 예수와 합하여 세례를 받은 우리는 그의 죽으심과 합하여 세례받은 줄을 알지 못하느냐"롬 6:3.

세례란 무엇인가?

세례는 주님과 함께 죽고 주님과 함께 사는 것이다롬 6:4. 다시 말해 예수님을 믿고 세례를 받을 때, 우리는 주님과 연합하여 십자가의 주님과 함께 죄에 대해 죽고 부활의 주님과 함께 다시 살아나 다시는 죄에게 종노릇하지 않는 것이다롬 6:5-7. 예수님을 믿어 세례받은 자는 죄에 대해 죽고 하나님에 대해서는 산 자이다.

> 너희 자신을 죄에 대하여는 죽은 자요 그리스도 예수 안에서 하나님께 대하여는 살아 있는 자로 여길지어다롬 6:11

죄에 대해서는 죽은 자이므로 죄에 대해 반응할 수 없고 하나님에 대해서만 반응할 수 있다. 그런 사람은 하나님께 자신을 의의 도구로 드린다롬 6:12-14.

정리하면, "나의 구원이 100% 확실하니까 죄를 좀 지어도 되지 않겠느냐?"는 질문에 대해, 말씀은 "아니다. 너희가 예수님 믿을 때 '나는 이제 죄에 대해 죽습니다. 다시는 죄를 짓지 않겠으며 하나님 앞에서 산 자처럼 살겠습니다.' 하고 결심하지 않았느냐?"고 반문하고 있는 것이다.

세례의 진정한 의미는 주님과의 연합이다.

나는 이런 의미에서 형식적인 세례를 받았다. 신앙생활을 잘 못하던 대학 1학년 시절, 세례도 못 받고 지옥갈 것 같은 생각이 들던 차에 부모님의 권면으로 교회에서 세례를 받았다. 그때는 죄에 대하여 죽고 의에 대하여 산다는 진정한 세례의 의미를 깨닫지 못했다. 다만 모태신앙인으로 살다가 세례 받을 나이가 되어 세례를 받았을 뿐이다. 그렇다고 지금 다시 세례를 받겠다는 말은 아니다.

원래 세례는 앞으로 죄에 대하여 관계하지 않고 주님만 위해 살겠다는 결정이다.

만일 결혼하고 나서 "내가 다른 여자와 결혼하면 안 되느냐?"고 자꾸 물어보는 사람이 있다면 이상하지 않겠는가? 마찬가지다. "구원받은 것이 확실하니까 죄를 좀 지으면 안 되겠느냐?"고 물을 때 대답은 "신분상 그럴 수 없다!"는 것이다. 예수 그리스도를 믿는다는 것은 죄와의 결별을 선언하고 주님께 붙어 있는 것을 의미한다. 죄를 끊겠다고 결정하고 주님을 위해 살겠다고 결심하는 것이다. 물론 그런 결단을 하고 나서 세상의 유혹에 넘어갈 수도 있고 죄를 지을 수도 있다. 그러나 처음 믿을 때 확실히 회개하고 결단한 사람은 쉽사리 죄의 유혹에 넘어가지 않는다. 자신의 죄로 인해 십자가에 죽으신 주님을 사랑하기 때문에 점점 죄를 멀리 하게 된다. 따라서 진정한 세례는 죄와의 결별이며 주님과의 연합에 대한 결단이다.

(2) 목적의 변화 : 거룩함 롬 6:15-23

> 너희가 본래 죄의 종이더니 너희에게 전하여 준 바 교훈의 본을 마음으로 순종하여 죄로부터 해방되어 의에게 종이 되었느니라

"여보, 저 선보러 가면 안될까요?"

> 너희 육신이 연약하므로 내가 사람의 예대로 말하노니 전에 너희가 너희 지체를 부정과 불법에 내주어 불법에 이른 것같이 이제는 너희 지체를 의에게 종으로 내주어 거룩함에 이르라_롬 6:17-19

하나님이 우리를 구원하신 목적은 단지 '타는 불못'에서 끄집어내기 위함인가? 불못에서 꺼낸 다음에 원하시는 것은 무엇일까?

하나님의 의도는 불순종의 자녀를 순종의 자녀로 만드는 것이다. 다시 말해 생활의 모든 영역에서 그분께 순종하는 거룩한 백성이 되게 하는 것이다. 구원받은 이후에 더 이상 죄를 짓지 말아야 할 중요한 이유는 우리가 거룩해져야하기 때문이다.

> 이제는 너희가 죄로부터 해방되고 하나님께 종이 되어 거룩함에 이르는 열매를 얻었으니 그 마지막은 영생이라_롬 6:22

어떤 사람이 물에 빠졌다가 주위 사람의 도움으로 목숨을 건졌다.

"아휴, 하마터면 저 강물에 빠져 죽을 뻔했지 뭐야. 이제는 살았다. 만세!"

그러더니 그 사람이 집에도 가지 않고 아예 강가에 텐트를 치고서 봄, 여름, 가을, 겨울, 1년 내내 앉아 강물을 쳐다보면서, "하마터면 물에 빠져 죽을 뻔했는데 이렇게 살아 있다니, 얼마나 다행한 일인가?" 안도의 한숨을 내쉬며 세월을 보낸다면 어떨까?

죽을 뻔한 목숨을 건졌으면 어떻게 해야 하는가? 집에 돌아가서 정상적인 생활을 해야 하지 않겠는가? 아니 더 열심히 감사하며 살아야 하지 않겠는가? 물가에 앉아 한평생 목숨을 건진 그 날만 곱씹고 있다면 생이 더 주어진들 무슨 소용이 있는가? 그때 물에 빠져 죽으나 구조되어 30~40년 더 살다 죽으나 무슨 차이가 있겠는가?

구원도 마찬가지다. 하나님은, "이제 지옥에 안 가게 되어 다행이다." 안심하는 수준에 머물도록 우리를 부르시지 않는다. 죄의 형벌에서 우리를 건져 내실 뿐 아니라 적극적으로 의의 도구로 살아가도록 부르신다. 이것이 바로 구원이다. 구원이란 주님과 연합하여 의의 도구로 살아가는 것이며 남은 생을 주님을 위해 거룩하게, 멋있게 살아가는 것이다.

더이상 죄가 우리를 주관할 수 없기 때문에 우리는 죄를 이길 수 있다. 은혜 아래 있기 때문에 우리는 의의 무기가 되어 자신을 하나님께 드리게 된다 롬 6:13,14. 예수 그리스도를 믿을 때 우리는 이 정도의 각오로 예수님을 영접해야 한다. 그러나 오늘날 한국 교회의 심각한 문제는 예수 그리스도를 믿을 때 예수님을 구세주(Savior)로만 믿지, 자신이 순종해야할 대상 즉 주님(Lord)으로 모시지 못한다는 데 있다. 따라서 자연히 자신을 의의 병기로 드려야할 책임에 대해서는 생각하지 못한다.

3. 거듭남과 헌신

헌신예배는 일생에 한 번만 드리면 된다. 예수님을 믿을 때 우리는 자신을 주님께 헌신한다. 따라서 예수님을 믿은 자는 헌신예배를 거듭 드릴 필요가 없다.

'헌신예배'만 드리면 교회 뒷자석에 앉아 있었던 내 청년 시절이 기억난다. 당시 내가 다니던 교회에서는 헌신예배를 자주 드렸는데, 헌신의 'ㅎ' 발음만 들어도 왠지 아프리카가 연상되면서 그곳에 선교사로 가야 할 것 같은 생각에 헌신예배 때마다 맨 뒷자리 구석으로 숨어들었다. 나중에 제대로 성경을 배우고 깨닫고 보니, 예수님을 믿은 사람은 이미 자신을 주님께 드리기로 결정을 한 자임을 알게 되었다.

"그는 너희의 허물과 죄로 죽었던 너희를 살리셨도다"엡 2:1의 말씀처럼 우리는 이미 '덤으로 사는 인생'이다. 그러므로 거듭난 그리스도인이라면 앞으로 헌신을 촉구하는 헌신예배를 계속 드릴 것이 아니라 헌신기념예배나 헌신추억예배('그때 내가 예수님 믿을 때 헌신했었지.' 하고 추억하면서)를 드려야 할 것이다. 부부가 되는 데 결혼식은 한 번으로 족하다. 해마다 결혼 기념일을 통해 결혼의 의미를 기억하면 되지 매년 결혼식을 치르며 서약을 할 필요는 없지 않은가.

그리스도인이 된다는 것은 주님과 연합하겠다는 결정이다. 그 결단을 내리지 않았다면 아직 거듭난 그리스도인이 아니다. 교회 다닌다고 아무에게나 쉽게 그리스도인이라는 칭호를 붙여서는 안 된다. 결혼하여 남편이 되면 그 순간부터 다른 여자와의 만남이나 결혼을 꿈꾸지 않고 오직 자기 아내만 사랑하는 것이 당연한 것처럼, 그리스도인이 된다는 것은 주님과의 연합이며 주님께만 헌신함을 의미한다.

대학에 갓 들어온 신입생 중에 "이제 대학에 들어왔으니 좀 놀다가 때가 되면 헌신해야지."하는 사람이 있다. 그런 사람은 거듭남을 제대로 경험하지 못한 사람이다. 그리스도인은 이미 자신을 그리스도께 헌신한 사람이다.

"나는 아직 헌신하지 못하겠습니다. 좀더 세상을 즐기다가 믿겠습니다."라고 말하는 사람은 아직 거듭나지 않은 사람이다. 나는 그동안 모태신앙인들을 많이 만나 보았는데, 그중에 상당수가 거듭나지 않은 경우였다. 참 안타까운 일이다. 그들은 주님께 헌신해 본 적이 없었다. 예수님을 구세주로는 믿으나 자기 생의 주인으로는 받아들이지 않은 사람들이었다.

누가복음 15장에 나오는 '돌아온 탕자'는 어떠한가? 탕자가 집에 돌아온 후에는 당연히 아버지 말씀에 순종하며 살아야 한다. 회개하고 돌아와서는 다시 말도 안 듣고 자기 멋대로 산다면 그는 애당초 돌아올 필요가 없었다. 하지만 이제 돌아왔다면 이전과 달리 아버지 말씀을 잘 들으며 살아야 한다. 마찬가지로 아담과 하와의 타락 이후 탕자같던 우리가 다시 주님께 돌아왔다. 그전까지는 자기 마음대로 살았지만 구원받은 이후로는 마땅히 그분의 말씀을 잘 들으며 순종하는 삶을 살아야 한다.

"만일 우리가 그리스도와 함께 죽었으면 또한 그와 함께 살 줄을 믿노니"롬 6:8의 말씀에 비추어볼 때, 일단 우리는 그리스도와 함께 죽어야 한다. 애초에 죽지도 않았는데 어떻게 그리스도와 함께 살 것을 믿겠는가? 자기 육신의 욕심, 죄악 등을 버리지도 않았는데 어떻게 그리스도와 함께 살기를 기대하겠는가? 그런 의미에서 신앙인, 즉 그리스도인이란 주님과 연합하여 자신을 드린 사람이다. 자신을 주님께 드린 자는 주님이 원하시는 뜻대로 살아야 한다.

전에 내 신앙이 뜨겁지도 않고 차지도 않아 고민한 적이 있었다. 그러다가 교회에서 간증을 들었는데, 그분은 방탕한 생활을 하다가 불치병에 걸리자 기도원에서 울면서 주님께 매달려 기도하던 중에 병이 나았다고 했다. 자신의 남은 생은 덤이며 자신은 오직 주의 것이라는 고백을 들으며 언젠가 나도 암 같은 병에 걸려 기도로 나으면 남은 생을 주께 드려야겠다는 생각을 하기도 했다.

그러나 어느 날 나는 하나님의 은혜로 이미 '덤으로 사는 인생'을 살고 있음을 깨닫게 되었다.

> 그는 허물과 죄로 죽었던 너희를 살리셨도다 _엡 2:1

덤으로 사는 인생 – 이 말은 언제 할 수 있는가? 그리스도인이 된 순간, 바로 그 시점이다. 그리스도인은 누구나 다 '덤으로 사는 인생'이다. 허물과 죄로 인해 죽었다가 그리스도로 인해 다시 살아난 우리는 주께서 원하시면 무슨 일이든지 할 수 있다. 만일 주인되신 그리스도께서 나를 아프리카로 보내신다면 그곳에도 기꺼이 순종하며 갈 수 있다. 그분이 세상 끝날까지 함께 하시겠다고 약속하셨으므로 어려운 일이 아니다. 이제는 더 이상 나를 위해서가 아니라 주님을 위해 살 것이다. 교사, 사업가, 회사원… 어떤 일을 하든지 이런 마음가짐으로 살아야 한다. 이렇게 사는 사람을 가리켜 비로소 그리스도인이라 말할 수 있다. 신앙의 일세대인 우리 부모 세대는 나름대로 어려운 사회, 정치, 경제적 상황 속에서 주님께 돌아왔다. 하지만 유감스럽게도 그 다음 세대는 너무 쉽게 기독교 문화를 접한 탓에 모태신앙인의 경우에 자신의 의지적 결정 없이 교회에 다니는 경우가 많다. 그냥 부모의 권유 때문에 교회에 나가준 것뿐이다.

어느 교회 집회에 강사로 갔다가 대학교 3학년 여학생을 만났다. 그 자매는 모태신앙인이었는데 예수님을 구세주로만 알고 있지 한 번도 주님으로 모신 적이 없었다. 그분을 위해 자신의 생을 드리며 헌신해야겠다는 생각이 전혀 없었다.

"자매님, 아직 구원 받지 못했는데 어떻게 하겠습니까? 이제 주님을 믿고 따르겠습니까?"

"그렇게 할 수 없겠는데요."

그 후로도 나는 이런 교인들을 많이 만나볼 수 있었다.

한번은 156명의 불신자들이 참석한 수련회에 갔다. 일주일 동안 복음을 전했는데, 그 수련회를 통해 143명이 새롭게 거듭났다. 그러나 13명은 끝까지 예수님을 받아들이지 않았다. 그중 한 형제는 어느 큰 교회 목사님의 아들로서 교회에서 성가대 지휘도 하고 주일학교 교사도

하는 대학생이었다.

"저는 예수님을 구세주로는 믿지만 나의 주인으로는 받아들일 수 없습니다."

"그러면 형제는 거듭난 자가 아닙니다."

나는 단호히 이야기했다.

그러자 그 형제는 머뭇거리더니,

"그러면 저는 지옥에 갑니까?"

"그렇습니다. 그러니 속히 예수님을 생의 주인으로 모시기 바랍니다. 그리고 주님을 위해 사십시오."

"그렇게 할 수 없는데요."

그러더니 그는 어두운 표정으로 나갔다.

또 다른 한 명은 장로님 아들로 모태 신앙인이었는데, 그도 끝까지 자신을 주님께 드릴 수 없다고 버티었다.

현대 교회에는 이런 사람들이 많다. 그러나 초대교회는 어떠했을까? 그 당시 성도들은 주님을 믿는 일에 자기 목숨을 잃을 각오까지 되어 있었다. 그런데 오늘날 그리스도인은 포기하는 것 없이 주님을 쉽게 믿으려 한다. 성경에서 그리스도인이란 주님을 위해 살겠다는 사람을 의미한다. 이전에는 자신을 주인으로 모시고 욕심대로, 자기가 원하는 대로 사는 죄의 종이었지만, 이제는 예수님을 주인으로 모시고 의의 종으로 사는 사람이다.

> 그는 허물과 죄로 죽었던 너희를 살리셨도다 그때에 너희는 그 가운데서 행하여 이 세상 풍조를 따르고 공중의 권세 잡은 자를 따랐으니 곧 지금 불순종의 아들들 가운데 역사하는 영이라 전에는 우리도 다 그 가운데서 우리 육체의 욕심을 따라 지내며 육체와 마음의 원하는 것을 하여 다른 이들과 같이 본질상 진노의 자녀이었더니 _엡 2:1-3

자기가 원하는 대로 사는 삶, 이것이 본질상 진노의 자녀의 모습이다. 교회는 다니지만 자기가 원하는 대로 산다면 거듭나지 않은 사람이다.

아담과 하와의 근본적인 잘못은 무엇인가? 하나님의 말씀에 대한 불순종이다. 그들은 '선악을 알게 하는 나무의 열매를 먹으면 죽는다' 는 하나님 말씀에 순종하지 않고 자기들 하고 싶은 대로 열매를 따먹음으로써 하나님의 진노를 자초했다. 죄는 불순종, 즉 하나님 말씀을 듣지 않고 자기 마음대로 사는 것이다.

이에 비해 예수께서 오셔서 하신 일은 무엇인가? 주님은 하나님께서 원하시는 대로 자신을 헌신했다. 그리스도인이 된 우리도 하나님 아버지께 우리 자신을 헌신하고 순종하며 살아야 한다. 물론 하나님의 뜻대로 살기로 결심하고 신앙생활 하다가 넘어질 수도 있다. 그러나 주님 앞에서 회개하고 자신을 헌신하여 주님과 연합하는 과정을 먼저 거친다면 그 다음에 그렇게 쉽게 넘어지지는 못할 것이다. 이 부분을 명확히 짚고 넘어가야 한다. 모태신앙('못해' 신앙-신앙생활 못해!!)인의 경우 이런 고질적인 병폐가 있다. 나 역시 모태신앙으로 20여 년 간 지내다가 하나님의 은혜로 새롭게 변화된 사람이다.

혹시 이 글을 읽는 독자 중에 아직 예수 그리스도를 구세주로만 믿는 분이 있다면 이제 그 분을 주인으로도 모실 것인지 스스로 결정하라.

> 너희가 나를 선생이라 또는 주라 하니 너희 말이 옳도다 내가 그러하다 요 13:13

기도할 때는 '주님'을 부르면서 실제 삶에서는 자신이 원하는 대로 행동하는 사람이 있다면 그런 사람은 어떤 부류에 넣어야 할까? **'정체불명의 괴신자'**다. 분명히 입으로는 '주님'이라고 하지만 실제 주인은 자기 자신이다. 결국 주님께 자기 삶의 고삐를 드리지 않은 자이다. 그런 사람은 겉으로는 그리스도인이지만 속내용은 불신자와 다르지 않다.

따라서 아직 예수님을 자기 생의 주인으로 모시지 않았다면 이 순간 주님께 무릎을 꿇어야 한다

> "내 생을 주님께 드립니다. 예수님께서 날 위해 십자가에서 죽으시고 부활하셨으니 이제는 더 이상 내 마음대로 살면서 죄짓지 않고 주님 말씀에 순종하며 살겠습니다. 지금 내게 오셔서 내 삶의 주인이 되어 주십시오. 예수님을 나의 구주(Savior)요 주님(Lord)으로 모시겠습니다."

이렇게 기도한 사람은 구원을 받는다. 하나님의 자녀가 되는 것이다.

4. 구원받은 자의 삶

   신앙생활을 한다는 것은 아담과 하와처럼 불순종하는 자녀가 아니라 하나님 뜻에 순종하는 자녀가 되어 하나님의 거룩한 백성으로 온전해지는 삶을 사는 것을 의미한다. 하나님이 나를 부르신 목적은 성자 예수님을 닮아가며 성숙해지는 것이다. 그러면 어떻게 해야 하나님께서 나를 부르신 목적에 부합하게 살 수 있을까? 즉 어떻게 해야 신앙생활을 잘할 수 있겠는가?

   먼저 우리 자신의 모습을 들여다보자. 예수님을 믿기 전의 우리는 옛 사람의 성품을 지닌 존재였다. 자신이 원하는 대로 살면서 욕심부리고 음란하며 치사하고 위선적이며 교만하여 남을 업신여기고 적당히 거짓말도 하는 변덕스러운 존재였다. 고집세고 잘난 척하기 좋아하고 온전하지 못하였다. 그것이 우리 옛 사람의 모습이다.

> 만물보다 거짓되고 심히 부패한 것은 마음이라 누가 능히 이를 알리요마는 나 여호와는 심장을 살피며 폐부를 시험하고_렘 17:9,10

   옛 성품의 가장 대표적인 특징은 무엇일까? '욕심을 따라 사는 것' 엡 2:3이다. 그런데 예수님을 믿고 따르는 순간 우리에게 새로운 성품, 새 씨앗이 들어온다. 이 새 성품의 특징은 주님을 위해 살고 이웃을 사랑하며 형제를 뜨겁게 사랑하는 삶을 가능케 하는 것이다.

"너희가 진리를 순종함으로 너희 영혼을 깨끗하게 하여 거짓이 없이 형제를 사랑하기에 이르렀으니 마음으로 뜨겁게 서로 사랑하라" 벧전 1:22 는 베드로 사도의 말씀처럼 우리는 형제를 뜨겁게 사랑할 수 있고 선한 마음을 가질 수 있으며 하나님을 기쁘시게 할 수 있다. 이것을 가능케 하는 새로운 씨앗, 새 생명이 우리 안에 들어오기 때문이다.

그러나 그리스도인이 되었다고 해서 옛 성품이 없어지지는 않기 때문에 바울은 새 성품과 옛 성품이 서로 갈등을 일으켜 싸운다는 점을 지적했다.

> 육체의 소욕은 성령을 거스리고 성령은 육체를 거스리나니 이 둘이 서로 대적함으로 너희가 원하는 것을 하지 못하게 하려 함이니라 _갈 5:17

이전에는 옛 성품밖에 없었는데 믿고 난 이후에는 새 성품이 들어와서 서로 갈등을 일으킨다. 예수님을 믿고 나서 거룩하게 생활하면 옛 성품이 없어질 것 같은데 절대 그렇지 않다. 욕심, 탐욕, 이기심 같은 옛 성품은 없어지는 것이 아니라 신앙생활을 통해 억제되어 발현되지 않을 뿐이다. 원래 '나'라는 사람 안에는 옛 성품 하나밖에 없었다. 자기 욕심대로 살며 손해보기 싫어하고 섬기기 싫어하고 이기적이며 음란하고 교만한 옛 성품밖에 없는데, 예수님을 믿으면 새 성품이 내 안에 들어와서 새사람이 된다. 이렇게 새사람이 된 후 '이러면 안 되는데…' 하면서 옛 성품을 따라 죄를 짓기도 하고 때론 두 성품이 서로 갈등을 일으키며 싸우기도 한다. 그러나 성령 충만하면 새사람이 옛 성품을 누르고 이겨서 승리한다. 그리스도인은 이런 식으로 점점 옛 성품을 누르면서 새 성품을 지닌 거룩한 백성이 되어 간다. 바울 사도도 자신의 몸을 쳐 복종시킨다 고전 9:27고 했다. 우리의 옛 성품은 없어지는 것이 아니라 다만 성령의 능력으로 억제될 뿐이다. 이 둘 사이를 왔다갔다 하면서 생을 마치는 그날까지 우리는 투쟁해야 한다.

  재차 강조하지만, 옛 성품은 결코 없어지는 것이 아니라 단지 성령의 힘으로 누를 뿐이다. 수련회에 가서 울면서 회개하고 주를 위해 살겠다고 다짐했기 때문에 앞으로 신앙생활을 계속 잘할 것이라고 생각하면 착각이다. 수련회 때 받은 은혜를 지속하기란 쉽지 않다. 우리 마음에는 욕심이란 것이 찰거머리같이 딱 달라 붙어서 좀처럼 떨어지지 않는다. 우리는 이것을 완전히 제거할 수 없다. 다만 나타나지 않도록 억제할 뿐이다. 아무리 건강한 사람이라도 병에 걸릴 가능성이 있기에 늘 건강을 유지하도록 힘써야 하는 것처럼 신앙도 마찬가지다. 우리가 힘써야 할 부분은 한 순간의 뜨거운 열정을 일으키는 것이 아니라 끝까지 옛 성품을 누르고 새 성품으로 거룩하게 살아가는 능력과 방법을 터득하는 것이다.

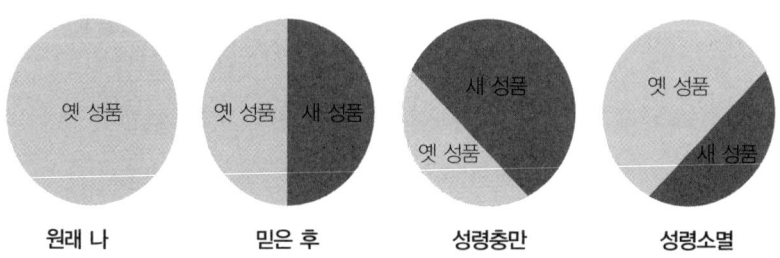

예를 들어 목회자의 경우는 어떠할까? 위의 그림에서 보듯이 대부분 목회자들은 늘 성령 충만하여 옛 성품을 누르고 있다. 그러나 아무리 목회자라 할지라도 성경 읽기나 기도생활을 제대로 하지 않으면 어느 순간 옛 성품이 다시 나올 수밖에 없다. 가끔 신문에서 목사나 전도사 같은 교역자 혹은 집사나 장로의 비행 기사를 접할 수 있는 것도 바로 이런 이유 때문이다. 누구든지 옛 성품과 새 성품 사이의 경계선을 드나들 수 있다.

그렇다면 이 싸움에서 승리하는 길은 무엇인가? 우리 안에는 옛 성품을 누를 수 있는 힘이 없는데 이 힘을 주시는 분, 그분이 바로 성령님이시다. 하나님은 연약한 우리를 돕기 위해 성령님을 보내 주셨으며, 그분은 일생 우리와 함께 거하시면서 우리를 성화시키신다. 하나님은 우리의 연약함을 아시기 때문에 성령님을 통해 우리를 도우신다. 신앙생활이란 내 의지로 어떤 목표를 세워서 열심히 무엇을 이루는 것이 아니라, 성령에 붙잡혀 성령의 능력으로 이 세상을 이기고 믿음의 역사를 이루어 나가는 것이다. 자연인, 다시 말해 거듭나지 않은 사람은 참된 신앙생활을 할 수 없다. 성령이 소멸된 교인, 즉 뜨겁지도 차지도 않은 교인 역시 억지로 흉내만 낼 뿐이다. 이런 사람들은 신앙생활의 기쁨, 즐거움, 보람, 만족은 누리지 못한 채 지루하게 신앙생활을 한다. 성경을 펴면 졸음이 오고 10분만 기도해도 더 이상 기도할 내용이 없으며 예배시간에는 애꿎은 주보만 뒤적일 따름이다.

그러나 성령 충만하면 상황은 전혀 달라진다. 자꾸 기도하고 싶을 뿐 아니라 어린 영혼을 돌보게 되고 불신자에게 복음을 알려주고 싶은 열

망에 휩싸이며 항상 주님을 위한 위대한 일을 계획한다.

　이 모든 것을 가능케 하는 성령 충만의 비결은 말씀과 기도 생활이다. 초대교회 성도들도 말씀과 기도 생활을 통해 충만한 삶을 살았다.

> 그들이 사도의 가르침을 받아 서로 교제하고 떡을 떼며 오로지 기도하기를 힘쓰니라_행 2:42

2장 하나님과의 교제

"열흘 전에 뷔페 식당에서 실컷 먹었더니 지금까지 배불러서 음식을 못 먹겠어." 이렇게 말하는 사람을 본 적 있는가?

1. 기도; 영혼의 호흡

(1) 어떻게 기도할까?

성령충만을 위해 기도와 말씀생활은 필수불가결하다. 이 둘은 신앙생활의 기본이며 성령충만의 연료다. 우리가 육신의 건강을 위해 충분한 수면을 취하고 하루 세 끼 식사를 하는 것처럼, 영적인 건강을 위해서도 동일하게 영의 양식과 기도가 필요하다. 기도와 말씀생활이 신앙생활의 필수이며 성령충만의 비결이란 말은 이미 많이 들어왔다. 문제는 실제 말씀을 읽고 기도를 하느냐 하는 것이다.

"나 요즘 신앙생활이 잘 안 돼." 종종 이런 이야기를 들을 때가 있다.

이 말을 달리 표현해본다면, "난 요즘 기도 안 하고 지내."와 같다. "난 요즈음 힘이 없어. 왜냐하면 밥을 안 먹고 죽만 먹거든. 한 열흘 동안 죽만 먹었더니 힘이 없어." 얼마나 당연한 얘기인가.

지금은 신앙생활을 제대로 못하는 사람이 "왕년에는 나도 열심히 했는데…"하면서 옛날을 추억한다. 이전에는 기도했는데 현재는 기도생활을 안 한다는 고백이다. 생각해 보라. 열흘 동안 밥을 굶은 사람이 어떻게 힘이 나겠는가? 기도생활 안 하면서 어떻게 신앙생활을 잘 할 수 있는가? '신앙생활이 잘 안 돼.' 라는 말은 다시 해석하면 '나는 식사 기도 중심으로 기도생활을 운영한다.'는 뜻이다.

과연 기도도 안 하고 말씀도 읽지 않으면서 신앙생활을 잘 하는 사람이 있을까? 기도와 말씀생활이 없는데, 믿지 않는 영혼을 보면 불쌍해서 전도하고 싶고, 연약한 자를 만나면 돕고 싶으며, 어린 자를 만나면 잘 이끌어주고 싶고, 원수를 만나면 껴안아주고 싶은 사람이 있겠는가? 만일 그런 사람이 있다면 이 시대가 어둡고 말세가 가깝기 때문에 하나님이 특별하게 보내신 위대한 선지자(?)일지도 모른다. 기도와 말씀생활이 없는데 저절로 신앙생활이 잘 되는 사람이 있다면 그는 마치 기름도 없으면서 멈추지 않고 달릴 수 있는 자동차와 같다. 세상에 그런 차가 어디 있는가?

성령충만한 사람이 되기 위해서는 하루에 최소한 30분에서 1시간씩 시간을 내어 기도해야 한다. 이전에 내가 사역했던 한국기독학생회(IVF)에서는 대학생들에게 무조건 하루에 1시간씩 기도하도록 훈련을 시켰다. 영국에서 처음 이 운동이 시작되었을 때는 2시간씩 기도했지만 우리는 아쉬운 대로 아침에 1시간만 기도하게 했다. 하루 1시간 기도도 없이 어떻게 정상적인 신앙생활을 하며 어떻게 캠퍼스를 복음화하겠는가? 현재 내가 섬기는 교회에서도 성도들에게 하루 1시간씩 기도하도록 가르치며, 겨울방학 때는 대학, 청년들을 모아 3주간씩 수련회를 하면서 매일 1시간 30분씩 기도 시간을 주어 기도를 습관화시킨다.

우리는 매일 1시간씩 기도해야 한다. 기도없이 어떻게 평안함을 누리려는가? 이는 밥 먹지 않고 건강을 유지해 보겠다는 발상과 다를 바 없다. 처음부터 1시간 기도하는 것이 힘들고 엄두가 나지 않는가? 최소한 30분 기도하는 것을 시작으로 점차 시간을 늘려 가면서 어떻게든 기본적으로 1시간 이상의 기도 시간을 확보해야 한다.

기도는 하나님과의 대화이다. 대화라고 해서 자기가 원하는 것만 간구해서는 안 된다. 기도의 내용에는 하나님에 대한 찬양과 회개, 감사와 간구, 남을 위한 중보 등이 포함된다. 기도는 일정하게 시간을 정해놓고 하는 것 외에도 버스나 지하철 안에서, 걸어다니면서, 혹은 친구를 기다리면서 언제든지, 어디서나 할 수 있다.

기도의 종류에는 짝기도, 연합기도, 문장식 기도 등이 있다. 특별히 생각이 많은 젊은 대학생, 청년시절에는 그 생각을 사로잡기 위해 철야기도를 하면 더욱 좋다. 또 새벽기도회에 참여하면 규칙적으로 기도할 수 있어 가장 좋다. 예수님이 새벽 미명 막 1:35에 하나님께 기도하셨듯이 우리도 하루를 시작하는 새벽이나 아침에 기도 시간을 확보하는 것이 좋다. 우리는 연약한 존재라 자신의 결심대로 기도하기 쉽지 않으므로 새벽기도회나 철야기도회에 참석하여 기도하면 지속적으로 기도생활을 잘해나갈 수 있다. 뷔페 식당에 가서 실컷 먹어도 그 다음 날에는 또다시 음식을 섭취해야 하듯이 한번 기도 많이 했다고 쉬지 말고 매일 규칙적으로 기도하는 습관을 만들어야 한다. 기도는 저장하지 못한다. '나 옛날에 기도 특공대였는데…' '결혼하기 전에는 철야기도를 얼마나 열심히 했는데…' 그렇다면 지금은 그때보다 더 열심히 기도할 수 있어야 한다.

나는 대학 시절 금요일이면 집 옥상에 올라가서 몇 시간씩 기도했었다. 그때 마음이 얼마나 평안했는지 모른다. 세상은 간데없고 오직 주님과의 깊은 교제 속에서 주님이 주시는 평안을 마음껏 누렸다. 이것이 바로 신앙생활의 즐거움이다. 이 즐거움이 없다면 신앙생활이 얼마나 냉랭하고 건조할까? 이왕 신앙생활을 할 바에야 세상이 줄 수 없는 참 기쁨과 참 평안을 맛보아야 한다. 그리스도께서 말씀하셨다.

> 평안을 너희에게 끼치노니 곧 나의 평안을 너희에게 주노라 내가 너희에게 주는 것은 세상이 주는 것과 같지 아니하니라 _요 14:27_

세상에서 주는 평안과 행복은 일이 잘 풀리면 기쁘고 잘 안 풀리면 염려가 그 자리를 대신하는 조건적이며 일시적인 것이다. 그러나 그리스도인에게는 전천후 평안과 기쁨이 있다. 전쟁이 일어나도 어린아이에게는 엄마만 있으면 평안한 것처럼 우리에게는 선한 목자가 계시기에 늘 평안하며 행복하다. 신앙이 있으면 대학에 들어가지 못하거나 취직이 안 되어도, 사업에 실패하거나 건강하지도 않아도, 결혼이 늦어지거나 여러 가지 일이 잘 풀리지 않더라도 평안과 기쁨을 누릴 수 있다. 이것이 바로 초대교인이 누렸던 절대적 평안이다. 그들은 장작더미 위에서 재가 되면서도 평안을 누리며, 오히려 자기를 죽이는 자들을 불쌍히 여겼다. '참 안됐구나. 오죽하면 믿는 자를 죽이는가? 나는 뜨거운 불 속에서 죽어가지만 영생이 있다. 하지만 나를 죽이는 저 사람들에게는 장차 멸망 밖에 없으니 참 안타깝다. 주님, 저들을 불쌍히 여겨주소서.' 이렇게 그들을 위해 기도하면서 죽어간 초대교인들의 평안은 바로 위로부터 온 것이다.

세상의 행복은 환경에 따르지만 우리의 행복은 환경과 무관하다. 성경, 특히 바울 서신을 보면 은혜와 평강은 하나님으로부터 온다고 되어 있다롬 1:7, 빌 1:2. 복은 그분으로부터 나오게 되어 있다.

최근에 마음에 평안이 없는가? 기도하지 않았기 때문이며, 하나님과의 관계에 문제가 있기 때문이다. 초대교인들이 보여준 것처럼 환경이나 상황이 나빠져도 얼마든지 하나님을 찬양할 수 있다. "내게는 너무 문제가 많아. 어떻게 우울하지 않겠어?" 하는 말을 들을 때마다 "당신은 진정으로 기도하고 있는가?" 묻고 싶다.

(2) 기도와 응답의 문제

1) 그리스도인의 기도에는 반드시 응답이 있다.

"목사님, 저는 여태까지 별로 응답을 받지 못했는데요?" 그런 사람이 있다면 "그건 당신이 기도해 놓고 그 기도 제목을 잊어버려서 그렇습니다."라고 말해줄 수 있겠다. 우리의 모든 기도는 하나님께 접수된다. 내가 입을 여는 순간 하나님께서는 그 이야기를 듣고, 가장 적절한 때에 응답하신다. 하나님이 만들어주시는 적절한 환경을 통해 그 기도는 자연스럽게 이루어진다. 그런데 자기가 기도한 것을 잊고 있기 때문에 응답이 없다고 느껴질 수 있다. 3년 전에 기도한 내용을 지금도 다 기억하는가? 잊어버리기 때문에 응답받았다는 사실을 알지 못한다. 우리가 하나님께 입을 여는 순간 응답받는다. 이 점을 굳게 믿어야 하며, 이는 분명한 사실이다. 왜냐하면 거짓말하지 않으시는 주님께서 약속하셨기 때문이다.

> 너희가 내 이름으로 무엇을 구하든지 내가 행하리니 이는 아버지로 하여금 아들로 말미암아 영광을 받으시게 하려 함이라 내 이름으로 무엇이든지 내게 구하면 내가 행하리라_요 14:13,14

> 지금까지는 너희가 내 이름으로 아무것도 구하지 아니하였으나 구하라 그리하면 받으리니 너희 기쁨이 충만하리라_요 16:24

그리스도인이기만 하면 누구나 응답을 받는다. 반드시 응답을 받게 되어 있다.

"목사님의 기도는 들어주실 것 같은데 제 기도는 잘 안 들어주실 것

같아요." 이 말은 무슨 뜻인가? "저는 예수님 말씀을 잘 신뢰하지 못합니다."라는 말이다.

하나님은 우리에게 응답하신다. 우리의 기도를 들으시고 우리를 위해 가장 좋은 것으로 응답하신다. 때로 우리가 잘못 구할 수 있다. 간절히 구하지만 그것이 잘못된 간구일 때 하나님께서는 들어주시지 않음으로 응답하신다.

다섯 살짜리 꼬마가 갑자기 집으로 막 뛰어 들어와서 엄마를 찾는다. "엄마 칼 좀 주세요. 지금 친구들끼리 전쟁 놀이가 시작됐거든요. 나가서 싸우게 빨리 부엌칼 좀 주세요." 진지한 눈빛으로 재촉하는 아이에게 엄마가 "어, 그러니?" 하고 부엌에 가서 쌍칼을 갖다 주면서 "칼 두 개 갖고 잘해봐라." 하겠는가? 아니다. 위험하니까 절대 진짜 칼을 내주지 않을 것이다. 어린 아이는 간절히 원하지만 그 원하는 것을 들어주지 않는 것이 부모의 사랑이다.

한 형제가 마음에 드는 자매를 두고 하나님께 구했다.

"하나님, 저 자매와 결혼하고 싶습니다. 저 자매를 주십시오. 그녀는 너무나 아름답고 매력적이며… 하나님, 꼭 주십시오." 그런데 하나님이 보실 때 그 자매는 '여우'였다. "그 자매는 안 된다." 하나님께서 허락하지 않으신다.

"하나님, 저는 꼭 그 대학에 가야 해요. 꼭 들어주십시오." 하나님께서는, "네가 교만해질까 봐 안 된다."고 판단하신다. 우리는 죄악에 물들어 있고 경험이 부족하기 때문에 좋은 것이 아닌 데도 달라고 할 수 있다. 하나님께서 우리가 원하는 대로 다 들어주셨다가는 우리는 세상

"엄마, 칼 좀 주세요.
지금 친구들과 전쟁 놀이가 시작됐거든요."
"어, 그러니? 이 부엌칼 두 개 갖고 잘 싸우거라."

에서 가장 비참한 자가 될지도 모른다. 오히려 그 기도를 들어주지 않은 것이 하나님의 사랑일 수 있다.

나는 고등학교 시절에 방언의 은사 받기를 무척이나 원했다. "하나님, 제게 방언의 은사를 주십시오." 하고 간절히 기도했다. 그런데 지금 생각하니 그때 그 은사를 받지 못한 것이 바로 하나님의 은혜였다. 하나님이 그때 방언의 은사를 주셨다면 내가 얼마나 교만해졌을까? 그 당시 나는 가뜩이나 도도했는데 방언까지 받았다면 나 스스로 영적으로 우월한 사람이라 생각하고 교만해져서, 아마 지금쯤 어느 사이비 계통에서 교주 노릇을 하고 있을지도 모를 일이다. 그때 그 은사를 주시지 않은 것이 얼마나 감사한지 모른다.

하나님은 우리에 대한 계획을 다 갖고 계신다. 하나님은 반드시 우리의 기도에 응답하시는데, 우리를 사랑하시기 때문에 선별적으로 YES나 NO, 혹은 기다려라(WAIT)로 응답하신다. NO도 사랑의 응답임을 기억해야 한다.

2) 의심하면 응답받지 못한다?

믿음으로 하는 기도만이 응답받는다고 하는데 이 말에는 좀 오해의 소지가 있는 것 같다. 원래 이 말은 내가 간구할 내용을 주님께서 들어주신다는 믿음을 가져야 한다는 말이지, 내가 간구한 내용이 그대로 되리라는 믿음을 갖고 있어야만 이루어진다는 뜻은 아니다. 가령 '어떤 대학, 혹은 어떤 회사에 들어가게 해 주십시오.' 하고 기도할 때, 내가 들어간다고 믿으면 합격하고 의심하면 불합격하는 것처럼 이해해서는 안 된다. 믿음의 기도란 내 기도 내용이 그대로 이루어진다고 믿는 것이 아니라 이 기도를 하나님이 듣고 계시며, 나같은 부족한 자의 기도지만 무시하지 않고 적절히 응답하신다는 사실을 믿는 것이다 히 11:6.

베드로가 옥에 갇혔을 때 교회는 그를 위해 간절히 기도했는데 행 12:5, 정작 베드로가 옥에서 풀려 나왔을 때는 그 사실을 믿지 못했다 행 12:15. 만일 기도한 내용 그대로 믿어야만 응답받는다면 믿음도 없었는데 어떻게 응답받았겠는가?

3) 왜 꼭 기도해야 하나?

구하기 전에 하나님이 우리에게 있어야 할 것을 미리 다 아시는데 마 6:8 왜 꼭 기도해야 하는가?

하나님께서는 우리 기도를 통해 응답하시기를 원하신다.

> 주 여호와께서 이같이 말씀하셨느니라 그래도 이스라엘 족속이 이같이 자기들에게 이루어주기를 내게 구하여야 할지니라 _겔 36:37

우리는 하나님께서 당신의 뜻대로 내 삶에 역사하신다는 사실을 100% 믿는다. 그러나 동시에 이상하게도 내가 기도하면 또 기도한대로 된다는 사실도 100% 믿는다. 이 두 가지를 조화시키려 하지 말라. 빛의 입자설과 파동설이 조화될 수 없지만 둘 다 사실이듯이, 내가 구하기 전에 하나님이 미리 아시고 100% 주권적으로 역사하시는 것과 내가 기도하면 기도한 대로 이루어진다는 사실 이 두 가지를 다 받아들여야 한다. 구원은 전적으로 하나님께 달려 있지만, 우리가 열심히 기도하면 주위 사람이 그리스도께 돌아오고 기도하지 않으면 돌아오지 않는다. 설명할 길이 없지만 둘 다 사실이다.

예정론 문제도 이와 비슷하다. 참새도 하나님이 허락하지 않으시면 결코 땅에 떨어지지 않는다 마10:29. 우리는 내 생명을 하나님께서 책임져 주실 것을 100% 믿는다. 그러나 동시에 우리는 생명을 잃지 않도록 늘 조심해야 한다. 나의 운명이 하나님 손 안에 있으니까 횡단보도에 빨간불이 켜져도 그냥 건너려고 하는가? 그렇지 않다. 설혹 파란 불이 켜지더라도 차가 오나 안 오나 살피면서 건너야 한다. 실제 삶에서는 이런 부분은 잘 조화시키면서 갑자기 예정론으로 들어가면 판단이 흐려져 혼돈하는 사람들이 많다.

대부분 숙명론을 예정론으로 잘못 알고 있다. 숙명론은 동양 종교의 특징으로 팔자소관론이다. 예정론은 예수님께서 만물의 주가 되시며 그분의 섭리에 따라 우리 같은 죄인이 그분의 자녀가 되는 것을 의미한다. 이것이 예정론의 핵심이다. 믿을 때에 스스로 결단하여 믿은 줄 알았는데 결국 하나님의 부르심 때문인 것을 깨닫고 하나님의 은혜에 감사하며 찬양하는 것이다.

하나님께서는 심은 대로 거두게 하시는 분이기 때문에 우리는 주어진 상황 가운데 최선을 다하며 열심히 살아가야 한다. 따라서 가장 영적인 사람은 가장 실제적인 사람이다. 위대한 사도 바울은 가장 영적인 사람이었다. 그는 하나님을 100% 의지했기 때문에 밤에 광주리를 타고 성 밖으로 도망갈 수 있었다 행9:25. '하나님을 믿으니까 하나님이 책임져 주시겠지.'하고 성 안에서 버티었다면 그때 아마 죽임을 당했을 것이다.

신앙이 어렸을 때 이해하지 못했던 성경 내용 중의 하나는, 조카 롯이 잡혀가자 아브라함이 집에서 기르던 318명의 사람들을 거느리고 몰래 밤에 가서 구출해 오던 장면이었다. 신앙인이라면 318명도 필요 없지 않을까? 하나님이 하실 테니까 혼자 가야 하며, 그것도 밤이 아니라 낮에 가야 하지 않겠는가? 그는 왜 그렇게 믿음이 없었을까? 그러나 진짜 믿음이 있는 사람은 자신에게 주어진 모든 부분에서 최선을 다하는 사람이다. 아브라함이 318명을 끌고 군대와 싸우러 나간 것도 믿음이다.

사실 믿음과 광신은 종이 한 장 차이이다. 이를 잘 분별하는 것이 영적 통찰력이다. 아무리 하나님을 믿고 통성기도를 했다고 해도 시험 전날 공부를 하지 않으면 시험 못 보는 것이 당연하다. 그런 면에서 우리는 항상 우리에게 주어진 힘과 지혜를 다 써서 최선을 다해야 한다. 보통 자매들에게서 어렵지 않게 목도되는 현상인데, 결혼 문제에 대해 '하나님이 알아서 해 주시겠지' 하다가 시기를 놓치는 사람들이 많다. 하나님이 알아서 해 주신다는 말은 전적으로 맞지만 스스로 노력 하는 부분도 있어야 한다. 신앙좋은 형제를 만날 기회를 가져야 하고 하나님이 주신 외모도 우아하게 꾸며야할 것이다. 물론 지나치게 사치스러워도 안 되겠지만 너무 외모에 신경 쓰지 않는 것도 일종의 교만이다. 성경에서는 여성들에게 단정하게 옷을 입으며 소박함과 정절로 단장하고 값진 옷으로 하지 말라고 했다 딤전2:9. 단정한 옷을 입으라는 성경의 원뜻은 최첨단의 유행을 따라가라는 것도, 그렇다고 시대에 뒤떨어진 구식 옷을 고집하라는 것도 아니다. 남들이 볼 때 어느 정도 알맞은 옷을 입으라는 뜻이다.

우리가 기도할 때 하나님의 역사는 이루어지고, 기도하지 않을 때 이루어지지 않는다.

나는 군대에 갈 때 캠퍼스의 영혼을 돌보기 위해 대구로 보내 달라고 울부짖었기 때문에 대구로 가게 되었다. 또 가서도 잠자코 있었다면 아무 것도 할 수 없었겠지만 졸병임에도 불구하고 매일 부대 밖으로 나가서 복음을 전하게 해달라고 기도했기에 매일 나갈 수 있었다. 그래서 당시 군인의 신분으로 경북 의대, 영남 의대, 계명 의대를 돌아다니며 복음을 전할 수 있었다.

기도 응답의 고백은 여기서 끝나지 않는다. 또 8월 수련회를 앞두고, '하나님, 수련회에 갈 수 있게 해 주십시오. 제가 그 수련회 강사로 가야 하는데 저를 꼭 내보내 주십시오.' 하고 울부짖어서 9박 10일간의 휴가를 받기도 했다. 수련회에 다녀온지 얼마 안 되어 9월에 꼭 나가야만 할 일이 생겨 기도하자 또 휴가를 받았다. 그후 군대 근무로 설교 준비할 시간이 턱없이 모자랐다. 밥을 굶어가며 설교 준비를 하는데도 시간이 너무 부족해서, '하나님 내년부터는 시간을 주십시오. 정말 복음을 전해야겠는데 설교 준비할 시간이 없습니다.' 하고 열심히 기도하자, 그 다음 해 제대를 앞두고 75일 간 아무 일도 안 하고 설교 준비만 할 수 있는 시간이 주어졌다. 이 모든 것이 기도로 이루어졌다. (이 내용은 「차마 신이 없다고 말하기 전에」(IVP)에 자세히 나와 있다.)

이제 당신의 모든 문제를 놓고 기도하라. 전능하신 하나님이 들어주신다. 하나님은 전능하신 분이기 때문에 우리가 기도한 대로 다 들어주신다. 그래서 그리스도인은 강력할 수 밖에 없고 천하가 무장을 하고 공격해도 그를 당할 수 없다. 한 곳에 뜻을 정하여 기도하면 된다.

4) 포식기도?

"하나님은 금식하면서 매달리면 꼼짝 못하고 들어주신다"

이 말은 맞다. 그러나 포식하고 기도하면? 이것 역시 하나님께서 잘 들어주신다. 기도하면 들어주시겠다고 이미 약속했기 때문이다.

하나님께 간절히 기도해야 하지만 막무가내로 떼를 쓰면서 기도하는 것은 옳지 않다. 자꾸 떼를 쓰려는 심리는 누가복음에 나오는 '한 과부와 재판장' 비유에 대한 잘못된 해석에서 비롯된 것이기도 하다. 누가복음 18:1~8은 한 과부가 재판장에게 원한을 풀어달라고 호소하나 불의한 재판장이 들어주지 않다가 하도 번거롭게 하니 들어준다는 이야기다. 주님은 떼를 써야 들어주는 재판장은 불의한 재판장이고6절 하나님은 이 재판장과는 정반대로 속히 들어주시는 분7,8절임을 대조시킨다. 그런데 이 비유를 오해해서 하나님을 떼써야 들어주시는 분처럼 대우하면 안된다. 하나님을 몰아붙이기 위해 금식하며 매달리는 것은 좋은 기도가 될 수 없다.

5) 욕심대로 하는 기도?

> 구하여도 받지 못함은 정욕으로 쓰려고 잘못 구하기 때문이라_약4:3

'욕심대로 기도하면 안 들어 주신다는데…' 라는 생각에 아예 기도를 못 하는 경우가 있다. '내 기도가 혹시 욕심대로 하는 기도가 아닐까' 고민하느라 기도하기가 망설여지는 것이다. 물론 우리 기도 중에 욕심대로 하는 기도도 있을 것이다. 그러나 그것은 하나님이 알아서 들어주시지 않으면 된다. 하나님이 알아서 하실 일을 내가 판단해서 아예 기도를 중단할 필요는 없다.

물론 누가 보더라도 욕심대로 하는 기도-세계에서 최고의 부자가 되게 해 달라든지, 혹은 잘 먹고 잘 살게 해 달라든지-임이 확실히 드러나는 경우가 있다. 그러나 때를 따라 돕는 은혜를 얻기 위해 우리는 필요한 것-예를 들면 공부해서 좋은 성적을 얻게 해 달라는 것, 직장에서 맡은 일을 탁월하게 잘 하게 해달라는 것 등 우리 일상사에 필요한 것-을 간구해야 한다.

욕심인지, 아니면 기본적인 삶의 필요인지 분별이 안 되는 경우에는 그냥 기도하라. 욕심도 아닌데 기도 안해서 응답 못 받는다면 너무 억울하다. 만일 욕심이라면 하나님이 판단해서 안 들어주시면 되는 것 아닌가? "이게 내 욕심인지 아닌지 잘 모르겠어요."라고 말할 정도라면 대부분 욕심은 아닐 것이다. 우리에게 기본적으로 필요하거나 중요한 것들을 위해 간구해야 한다. 그러면 우리 열심 때문이 아니라 주님의 약속 때문에 그 기도를 들어주신다 요14:13,14. 그러나 우리 편에서는 하나님께 간절히 아뢰는 자세가 필요하다.

예를 들어 지금 대학 졸업을 앞두고 있는 사람이 있다고 하자. 그 사람에게는 '앞으로 어떻게 살아갈까?'가 중요한 문제다. 마땅히 취업과 관련된 시험을 놓고 기도해야 한다. 하지만 '내가 이 시험을 봐서 떨어지면 사람들이 날 어떻게 볼까?' 하는 이유에서 기도한다면 아직 자아가 살아 있는 사람이다. 그 문제를 놓고 열심히 기도하는 이유가, 내 몸이 주의 것이기에 의로운 도구로 잘 사용되어져야 하기 때문이며, 혹시 시험에 떨어져서 일년을 허송세월하게 되지 않을까하는 안타까움 때문이어야 한다.

가끔 대학 4학년 학생들을 만나 그들이 쏟아내는 걱정거리들을 자세히 들여다보면 자신에게 촛점이 맞춰져 있는 경우가 상당히 많다. 우리가 누구의 것인가? 우리는 그리스도의 것이다 고전 3:23 우리는 마치 내 삶이 내 것인 양 착각하고 있다. 괜히 남의 일을 걱정하는 셈이다. 얼마나 시간이 많으면 남의 일을 걱정하고 있는가? 앞날에 대해서 '내가 하나님의 도구로 사용되지 않으면 어떻게 하나?'하고 걱정하라. '만일 이 일이 이루어지지 않으면 하나님 나라의 도구로 사용되지 못할 텐데…, 주위 사람들이 도움을 받지 못하는데….' 하는 자세로 기도해야 한다.

"내가 실업자가 되면 남들이 무시할 텐데…, 이 취직 시험에 꼭 합격해야 하는데…." 만일 실업자가 되어 사람들이 비웃는다 할지라도 무슨 상관인가? 경우에 따라서는 하나님이 그 사람을 잠깐 실업자로 두실 수 있다. 그동안 한 번도 시험에 떨어져 본 경험이 없다든지, 어려운 처지에 있는 사람을 이해할 준비가 되어 있지 않다면, 실업자로 살아볼 필요도 있다. 또 워낙 성경공부를 안 한 사람들은 차라리 일 년 정도 쉬면서 성경공부를 많이 하라고 실업을 허락하실 수도 있다. 우리는 필요에 따라 그때 그때 아버지께 나아갈 뿐이다.

6) 무엇을 회개하는가? 죄인가, 죄성인가?

종종 회개 기도를 할 때 자신의 죄성이나 부족함을 기도할 때가 있다.
"주님! 저는 사랑이 부족합니다. 저는 온전하지 못합니다. 용서해주십시오. 저는 한심합니다. 죄인입니다. 저의 죄를 용서해 주십시오"

물론 우리의 불완전함을 안타까와하면서 기도할 수 있지만 매번 회개 기도할 때마다 이런 식으로 기도한다면 문제다. 바로 이런 죄성을 용서하시려고 주님이 십자가에 돌아가시지 않았는가? 이제는 용서받고 의인으로 살아가는 중인데 언제까지 용서함 받은 내용에 대해 또 용서를 구할 것인가? 주님이 용서하고 넘기셨으면 이제 우리도 넘어가야지, 매번 기도할 때마다 용서해 달라고 하면 결국 주님의 십자가의 효력을 부인하는 셈이 된다.

처음 예수님을 믿을 때 모든 죄를 회개하고 용서받는다. 그 후 신앙생활 하면서 회개할 것은, 성령님의 능력으로 죄성을 다스려야 했는데 그만 실패한 잘못에 대한 것이다. 이 잘못을 구체적으로 주님께 아뢰고 용서를 구해야 한다. 예를 들어 오늘 내 성질을 참지 못하고 친구에게 화를 냈다든지, 괜히 동생을 쥐어 박았든지, 직장 동료의 실수를 비웃었다든지 하는 등의 잘못을 구체적으로 아뢰어야 한다. 그래야 우리 그리스도인의 삶이 실제적으로 변화되고 점점 성숙해진다.

2. 말씀 ; 영혼의 양식

우리는 하나님께 자신의 사정을 아뢰며 때를 따라 돕는 은혜를 얻기 위해 기도해야 하지만, 동시에 하나님의 음성을 들어야 한다. 하나님의 음성을 듣는다는 말은 무엇인가? 옛날에 선지자들을 통해 말씀하신 하나님은 이 모든 날 마지막에 아들을 통해 우리에게 말씀하셨다_히 1:1. 성경은 하나님의 말씀이다. 이미 선지자들을 통해, 아들 예수 그리스도와 그 사도들을 통해 우리에게 말씀하신 내용이 성경에 기록되어 있다. 하나님의 음성을 들으려면 하나님 말씀을 지속적으로 읽거나 공부해야 한다. 하나님께서는 계시된 성경에 자신의 뜻을 다 나타내 보이셨다. 성경을 떠나 다른 방식으로 하나님의 음성을 들으려고 시도하지 마라. 하나님께서는 성경을 통해서 우리를 인도하신다.

> 하나님의 말씀은 살아 있고 활력이 있어 좌우에 날선 어떤 검보다도 예리하여 혼과 영과 및 관절과 골수를 찔러 쪼개기까지 하며 또 마음의 생각과 뜻을 판단하나니_히 4:12

> 교훈과 책망과 바르게 함과 의로 교육하기에 유익하니 이는 하나님의 사람으로 온전하게 하며_딤후 3:16, 17

매일 일용할 양식을 먹듯이 그리스도인들은 매일 영의 양식을 먹어야 한다.

하나님을 만나 그 음성을 들으며 교제하는 시간을 일컬어 '하나님과의 조용한 시간'(Quiet Time, 줄여서 큐티, QT)이라고 한다.

(1) 큐티(QT)

하나님과의 교제 시간은 하나님 아버지와의 만남의 시간이다. 이는 우리보다 하나님이 더욱 원하시는 시간이다.

> 아버지께 참으로 예배하는 자는 신령과 진정으로 예배할 때가 오나니 곧 이때라 아버지께서는 이렇게 자기에게 예배하는 자들을 찾으시느니라_요 4:23

그리스도인은 이 시간을 통해 사랑하는 하나님과 만나는 경험을 하며 영적인 힘을 얻는다. 약하고 부족한 우리는 이 힘으로 세상의 유혹과 어려움들을 이겨 나갈 수 있다. 다시 말해 이 시간은 우리가 매일 매일의 영적 만나를 공급받는 시간이기도 하다.

만일 이런 하나님과의 깊은 교제 시간이 없다면 우리는 죄와 싸울 힘이 없고 삶의 변화와 성숙도 기대할 수 없다. 탁하고 지루한 인생길에서 하나님이 함께 하시는 임재의식을 경험하지 못한 채 홀로 던져진 느낌으로 살아갈 수밖에 없다. 동시에 생의 앞날에 대해 위로부터 주어지는 통찰력과 선한 인도도 기대할 수 없다.

1) 큐티를 어떻게 할 것인가?

- 아침 조용한 시간에(각자 다르나 이른 새벽이 좋다) 일어나 찬양을 한두 곡 부르고 기도하면서 마음을 모으고 하나님의 음성을 기대한다.
- 성경 말씀을 10~15절 정도(대략 한두 단락) 읽고 그 말씀을 묵상한다. 묵상할 때에는 하나님이 어떤 분이신지, 감사할 부분과 회개할 부분, 즉시 취해야 할 행동이 무엇인지를 생각하면서 가능한 한 구체적으로 노트에 적는다.
- 깨달은 말씀에 따라 행할 것을 결심하고 이것을 실제 삶에 적용하도록 기도하며, 그날에 있을 여러 상황들을 위해 구체적으로 기도한다. 이때 남을 위한 중보기도도 함께 한다.

시간은 대략 30분 정도면 무난하며 차츰차츰 시간을 늘려나갈 수 있다. 어느 정도 익숙해질 때까지는 큐티용 교재를 이용할 수도 있다.

2) 주의할 점

- 아침 시간을 놓쳤을 때 – 하루 중 낮이나 저녁, 아무 때라도 시간을 내서 하면 된다.
- 말씀 중 모르는 부분이 있을 때 – 해석해 보려고 노력은 하되 그로 인해 큐티 시간을 다 소비하면 안 된다. 우선 이해할 수 있는 말씀을 중심으로 묵상하고 모르거나 어려운 부분은 메모해 놓았다가 나중에 연구하거나 문의한다.
- 생생한 느낌이 없을 때 – 큐티를 할 때마다 반드시 하나님의 임재

가 느껴지지 않을 수도 있다. 그러나 그 느낌과 관계없이 이런 시간을 통해 하나님과 교제하는 것이다. 앞에서 말한 대로 나의 필요나 느낌보다는 먼저 하나님이 원하시기 때문에 이 시간을 갖는 것임을 상기해야 한다.

큐티는 며칠은 열심히 하다가 며칠은 하지 않는 식으로 불규칙하게 하면 안 된다. 식사를 규칙적으로 하듯이 큐티도 매일 지속적으로 해야 한다. 이것이 큐티의 생명이다.

- 나눔(sharing)이 중요하다 – 큐티를 통해 깨달은 점을 학교나 직장의 믿는 친구와 함께 나누는 것은 매우 중요하다. 나눔을 통해 하나님에 대해 또 다른 면(남들이 깨달은 하나님)을 배울 수 있고, 말씀을 통해 삶을 나누다 보면 다른 사람의 삶을 이해할 수 있는 폭이 넓어진다. 무엇보다도 잘못된 적용을 피할 수 있다.

결론적으로 큐티는 냉랭한 그리스도인과 살아 있는 그리스도인을 구별시켜 주는 분수령이 된다. 우리 인생은 연약하고 죄악된 본성이 가득해서 날마다 이런 시간을 통해 말씀으로 힘을 얻으며 하나님의 뜻을 깨닫고 자기를 쳐 복종시키는 일이 꼭 필요하다. 하나님과의 교제시간이 살아 움직일 때 비로소 정상적인 신앙의 삶을 영위할 수 있다. 예수님을 만나려고 창피를 무릅쓰고 뽕나무에 올라간 삭개오의 열심이 우리 안에 날마다 살아나도록 간구해야 한다.

(2) 성경 연구

1) 왜 성경 연구를 해야 하는가?

기본적으로 매일 말씀을 통해 하나님과의 조용한 시간(Q.T.)을 갖는 것 외에 성경 통독을 해야 한다. 나름대로 하루에 5장이나 10장씩 분량을 정해놓고 읽는 것이 좋다. 잘 몰라도 자꾸만 읽어야 한다. 그러나 숲만 볼 것이 아니라 나무도 보아야하는 것처럼 통독 외에 성경을 깊이 연구하는 일도 필요하다. 그동안 한국 교회에서는 성경 읽는 것을 많이 강조했지만 점점 영적으로 어두워가는 이때 읽는 것만으로는 부족하다. 이제는 하나님 말씀을 연구해야 할 때다. 대학생들의 경우 각자의 전공과목과 관련해 책을 읽고 연구하면서 자신의 전문 지식을 쌓아간다. 마찬가지로 우리도 영적 대학생 단계에 이르려면 전공인 성경과목을 부지런히 연구해야 한다.

나는 모태신앙인으로, 출석하던 교회의 대학부 100여명 중에서 신앙이 꽤 좋다는 평을 들었던 사람이다. 하지만 대학교 2학년때 신앙적으로 새롭게 변화되기 전까지 신구약 66권 중 단 한 권도 연구하지 않았던 사람이다. 성경을 많이 읽기는 했지만 연구는 전혀 하지 않았기 때문에 하나님의 뜻을 분별하기가 쉽지 않았다.

오늘날 한국 교회 성도들 중 성경을 연구하는 사람들이 많지 않다. 그러다보니 하나님의 뜻을 잘 분별하지 못하고 구원에 이르도록 자라나는 것이 더디며, 한 발은 교회에 한 발은 세상에 걸치고 거룩함을 드러내지 못하는 성도들도 있기 마련이다. 그런 사람들은 하나님의 뜻에 자신을 맞추기보다는 자신이 원하는 것을 이루기 위해 하나님의 도우심을 바라는 식으로 신앙생활하기가 쉽다. 우리는 하나님께서 무엇을 원하시는지, 어떻게 살아야 하는지, 그 뜻을 알기 위해 성경 신구약 66권의 말씀을 부지런히 연구해야 한다. 말씀이야말로 그리스도인의 힘이요 양식이기 때문이다.

그 사람이 어떤 생각을 하느냐에 따라 그 위인됨이 결정된다잠 23:7고 말씀하셨다. 어떤 생각과 어떤 가치관을 가지고 있느냐에 따라 그 사람의 행동이 달라진다는 말씀이다. 대중매체의 영향이 심각한 현대 사회에서 그리스도인에게 가장 위험한 일은 일주일 내내 불신자들과 어울리다가 집에 와서는 다시 텔레비전을 보면서 그 막강한 영향권의 지배를 받는다는 사실이다. 그리스도인 가정에 텔레비전과 성경, 이 두 개는 다 보급되어 있는데 그 활용율은 각각 다르다. 통계에 따르면 한국 사람의 평균 텔레비전 시청 시간이 대략 3시간 정도라고 한다. 결국 사람들은 매일 텔레비전을 보면서 전파를 통해 전해지는 생각과 가치관과 사상을 자연스럽게 받아들인다고 볼 수 있다. 이렇게 지내다가 1주일에 한번 주일날 교회에 가서 한 시간 예배드리는 셈이니 평소에 어떻게 기독교적인 생각으로 살아갈 수 있겠는가? 하나님께서 내게 뭐라고 말씀하시는지 알지 못하고, 머릿 속에는 기독교적 세계관이 아닌 세상의 가치관이 꽉 들어차 있기 때문에 결국 자기 방식대로, 자기 원하는 대로 살아간다.

텔레비전이 보여주는 행복의 유형은 무엇인가? 재벌 2세 정도 되는 주인공이 등장하여 호화로운 집에 살면서 외제차를 끌고 다니며 거칠 것 없이 자기가 원하는 삶을 산다. 아니면 가정이 있는 직장 상사가 미

혼인 여직원과 미묘한 감정을 교류하다가 감미로운 음악과 아름다운 배경 속에서 사랑을 나눈다. 이런 모든 것들이 물질 만능의 시대와 부합하여 돈이 최고라는 가치관이나 불륜을 아름다운 사랑으로 미화하는 잘못된 애정관을 은밀하게 주입시킨다.

우리는 알게 모르게 잘못된 세상의 문화와 가치관에 의해 영향을 받고 있다. 하루 3시간씩 꾸준하게 텔레비전을 보거나 매일 세상 친구들과 어울리기만 한다면 우리는 이 세상 문화에 지게 된다. 신앙생활 못하는 방법은 아주 쉽다. 아침에 남편 출근시키고 자녀를 등교시킨 후, 혹은 저녁에 퇴근하고 집에 와서 TV만 켜면 된다. 그 다음은 자동이다. 어느 순간 세속적인 생각이 날로 충만해지는 자신을 발견하게 될 것이다.

이전에 각 대학의 운동권에 속한 학생들은 보통 4주 정도 합숙 훈련을 받고 이 운동권의 구성원으로 충성을 다짐하면서 혈서를 썼다. 그들을 철저하게 운동권 사상으로 의식화시키는 것이다. 그 용어를 빌려 쓰자면 우리 그리스도인도 철저하게 기독교적 사고로 의식화되어야 한다.

기독교적 가치관을 가져야 할 그리스도인이 세상적인 것을 열심히 따르면 세상적인 가치관에 물들게 된다. 이것이 세속화이다. 세속화는 거룩의 반대이며 이는 세상 사람들처럼 생각하는 것을 말한다. 학벌을 따지고, 외모로 사람을 취하며, 외적 조건이나 능력에 따라 사람을 판단하고, 물질을 중시하는 것이 말하자면 세속화된 방식이다. 결혼을 할 때도 '신앙이 좋으면 다 된다.' 고 해놓고 실제로는 '명문 대학 출신에 키는 커야 하고, 직업은 의사나 변호사여야 하고…' 하면서 따지는 사람들이 있다. 장로와 권사 등 교회에서 직분을 맡은 사람들도 예외는 아니다. 이전에 어느 교역자가 "내 딸은 의사한테 시집을 보내야겠는데…"라고 말하는 것을 들은 적이 있다. 딸을 왜 의사와 결혼시켜야 하는가? 혹시 그 딸에게 병이 있어서…? 사윗감을 고르는 기준이 '신앙이 좋고 주님 위해 살고자 하는 비전이 있는가' 정도는 되어야 하지 않겠는가? 그 말은 결국 돈과 명예를 중요시 여기는 생각에서 나온 발언이라 여겨진다. 세상 사람들은 그렇게 생각하더라도 우리 그리스도인 만큼은 달라야 한다.

우리가 다른 사람을 대할 때 어떤 기준으로 대하는가에 따라 우리가 세속적인지 아닌지를 가늠할 수 있다. 먼저 우리 머릿속에 있는 세속적인 것을 다 뽑아내야 한다. 교회에 오래 다닌 신자라 할지라도 학벌과 능력, 재물과 외모를 중시한다면, 이것이 바로 세속적인 것이다. 교회에서 박사학위를 받은 사람이나 돈 많은 사람이 빨리 집사가 되는 것도 마찬가지이다. 이런 것들은 그리스도의 은혜로 거듭난 그리스도인에게는 중요하지 않다. 오히려 바울이 말한 것처럼 그리스도를 위하여 배설물처럼 여겨야할 부분이다. 왜냐하면 거듭난 후에는 그리스도를 아는 지식이 가장 고상하기 때문이다 빌 3:8.

세속적이지 않기 위해, 더 나아가 성경적 사고 방식을 갖기 위해 그리스도인은 성경 말씀으로 머릿속을 채워야하며, 그럴 때만이 그 말씀에 따라 올바른 행동이 나타난다. 일단 컴퓨터에 입력(input)을 해야 출력(output)되는 것이 있지 않겠는가? 올리버 바클레이(Oliver Barclay)는

'사람이 성경으로 머릿속을 채우지 않으면 다른 것으로 채우게 된다.' 고 말했다. 따라서 우리의 사고를 새롭게 해야 한다. 성경 66권이 머릿속에 가득 차 있는 사람을 정상적인 그리스도인이라고 한다면, 66권을 기준으로 하여 머릿속에 성경 몇 권이 들어 있는가에 따라 그의 영적 수준을 가늠해 볼 수 있다.

나는 대학생이나 청년들을 만나면, "너희는 현재 초등학교 2학년 1학기 수준이다. 빨리 영적 대학생이나 청년이 되기를 바란다."라고 말한다. 대학생이나 청년이라 할지라도 대부분은 성경을 거의 모른다. 그들이 알고 있는 성경 지식은 대개가 어렸을 때 들었던 설교 내용이다. 그러니 세상에 나가서 질 수밖에 없고 대학이나 직장에 들어가 3~6개월 정도 지나면 타락하는 것이 으레 밟아야할 수순으로 여겨질 정도다. 여기서 타락의 의미는 '형제를 뜨겁게 사랑하지 않고 자신만을 돌보는 것, 주님을 위해 살고 싶은 마음이 없거나 그런 마음이 식어 버린 상태'를 말한다. 마음과 몸과 뜻과 정성을 다해 섬기지 않으면 그것은 주님을 섬긴다고 볼 수 없다.

고등학교 때 신앙생활을 잘 했다고 생각하는 사람, 특히 회장이나 부회장, 총무, 서기 등 임원을 했던 사람이 대학이나 직장에 들어가면 자신은 성경을 꽤 많이 안다고 자부하면서, '여기까지 와서 성경공부를 할 필요가 있나? 이제는 좀 쉬어야지' 하고 생각하기 쉽다. 혹시 중학교 때부터 고등학교 졸업 때까지 적어도 하루에 3~4시간씩 성경을 연구해 왔다면 모를까 입시에 쫓겨 체계적으로, 충분히 성경을 공부하지 못했으면서도 단지 어릴 때부터 교회에 다녔기 때문에 성경을 많이 안다고 착각하는 것, 이것이 함정이다.

'대학 혹은 직장에 들어와서까지 성경공부를 하다니…'가 아니라 대학 시절에, 직장 다닐 때, 결혼하기 전에 부지런히 신구약 66권을 연구해야 한다. 말씀은 우리의 힘이다. "주의 말씀은 내 발에 등이요 내 길에 빛이니이다"시 119:105. 또 베드로 사도는 "말씀이 어두운 데 비취는 등불과 같다"벧후 1:19고 했다. 성경을 등한히 하면 어느새 영적 어둠에 휩싸인다.

그리스도인은 모두 영적 대학생이 되어야 한다. 말씀에 근거한 성숙한 신앙인이 되어야 한다. 그러기 위해서는 성경을 부지런히 연구해야 한다. 성경을 거의 모르면서 안다고 여기는 것은 사탄이 주는 생각이다. 성경을 읽기만 해서는 안 된다. 대학, 청년 시절에 열심히 노력하면 성경을 20권 정도는 연구할 수 있다.

성경을 연구해야 하는 이유를 요약해보면 다음과 같다.

① 하나님의 뜻을 알 수 있고
② 그 깨달음대로 생활할 수 있으며
③ 영의 양식을 먹음으로써 영적으로 성숙해지고 점점 더 하나님의 사람으로 온전케 되고 딤후 3:16,17 ; 벧후 3:18
④ 다른 사람을 말씀으로 격려하고 책망함으로 도울 수 있기 때문이다 골 3:16.

2) 어떻게 성경을 연구할 것인가?

간략하게 성경 연구 방법을 설명하고자 한다.

'개인성경연구'(Personal Bible Study)라 명명하며, 영어 약자로 P.B.S. 로 일컫는다. 스스로 성경을 연구해 본 경험이 있는 그리스도인이 별로 없다. 교회적으로도 성경 연구의 전통이 아직 확립되어 있지 않은 상태다. 그래서 성도들이 알고 있는 성경 지식도 대부분 들은 것이지 자신이 직접 성경 연구를 통해 깨달은 말씀이 아니다. 설혹 성경 연구의 중요성을 인식하더라도 실제 어떻게 성경을 연구해야 할지 잘 모르고 있다.

① 실제 연구 방법

성경 전체를 크게, 사건과 인물 중심인 설화체(Narative - 구약의 첫 17권과 신약의 복음서 등)와 사상과 논리 중심인 강화체(Discourse - 구약의 예언서, 신약의 설교와 서신서) 두 가지로 나눌 수 있다. 설화체나 강화체 모두 크게 관찰, 해석, 적용의 세 가지 단계로 연구한다.

A. 설화체의 경우

(a) 관찰 - 6W 1H (7하 원칙) '누가(who), 무엇을(what), 어디서(where), 언제(when), 어떻게(how), 왜(why), 그래서(wherefore)' 7가지를 기자적 시각으로 관찰한 다음 문단을 3~4단락으로 나누고 각 문단의 제목을 붙여본다. 단, 이때 제목은 짧고 일관되게 정한다.

(b) 해석 - 불분명한 단어(풍습, 문화적 요소)의 의미 규정, 등장 인물의 행위가 내포하고 있는 의미, 사건의 진행 과정에서의 통찰 등을 적는

다. 이때 성경 사전이나 성경의 다른 번역판(영어 성경, 원어 성경), 원어를 충실히 풀어놓은 주석 등을 참조한다.

그리고 본문 전체를 자기가 이해한 말로 내용을 요약해본다.

(c) **적용** – 대략 다음의 5가지 방법으로 적용해 본다.

i) 믿어야 할 것 – 새롭게 알게 된 진리나 붙잡아야 할 말씀, 대략 5~10가지 정도를 노트에 적는다.

ii) 찬양할 것 – 이러한 깨달음에 맞춰 하나님께 감사하거나 찬양할 내용을 기록한다.

iii) 회개할 것 – 이 말씀에 비추어 자신이 행하지 못했던 부분이나 드러나는 죄가 있으면 하나님께 용서를 구한다.

iv) 간구할 것 – 계속 묵상하는 가운데 갖추어야 될 덕이나 필요한 여러 사항을 가지고 하나님께 나아간다.

v) 즉시 취해야 할 행동이나 기도 – 적용에서 가장 중요한 부분으로, 아주 구체적으로 적어야 한다. 이때에는 사람의 이름과 날짜와 장소, 구체적 계획이 드러나야 한다. 적은 것들을 위해 기도한다.

B. 강화체의 경우

강화체도 설화체와 마찬가지로 관찰, 해석, 적용의 3가지 단계로 연구한다. 다만 관찰과 해석에서 주안점이 조금 다를 뿐이다.

(a) **관찰** – 본문에서 무엇을 말하는지를 살펴본다. 전후 문맥을 알아보고 분위기는 어떠한가 파악하며 2번 이상 반복된 단어를 중심으로 강조점을 찾고 문단을 서너 개의 단락으로 나누어 제목을 붙인다.

(b) **해석** - 모르는 단어, 중요 단어의 정의, 저자의 의도 등을 살피면서 본래의 의미, 자연스럽고 일관된 의미를 파악한다. 그리고 자기 말로 내용 요약을 꼭 적도록 한다.

(c) **적용** - 설화체와 마찬가지로 5가지 방법으로 적용한다. 이때에는 항상 나와 무슨 관계가 있는가를 생각하면서 구체적으로 시행한다.

② 구체적 실천 예시

(a) 처음에는 10~15절씩 하다가 차츰 늘려나가 한 장씩 연구한다.

(b) 본문은 구약에서는 사사기, 사무엘상하, 열왕기상하, 느헤미야, 요나서 등이 좋겠고, 신약에서는 빌립보서, 데살로니가전서, 디모데전서, 야고보서, 마가복음, 사도행전 등을 먼저 연구하는 것이 좋다.

(c) 반드시 노트에 기록한다. 처음 하는 사람은 최소한 3년 정도는 고지식할 정도로, 기계적으로 위에 적은 방법 그대로 시행한다.

(d) 성경 사전을 꼭 구비한다.

(e) 보통 1주일에 한 번 하지만 차츰 익숙해지면 두 세번으로 늘려 우리도 베뢰아 사람처럼 날마다 성경을 상고하는 사람이 되어야 한다. 1주일에 한 장씩 연구하면 신구약 66권을 다 끝내는 데 약 23~24년이 걸린다.

(f) 성경을 공부한 후에는 반드시 자기가 깨달은 말씀을 나눌 소그룹이 있어야 한다. 이는 주께서 명하신 대로 피차 가르치고 권면하라는 말씀의 순종이다 골 3:16.

P.B.S.에 대해 더 알기 원하면 주은혜교회 홈페이지(www.elgrace.org)에 들어가 제자훈련특강 중 "P.B.S.이론과 실제"를 참조하면 된다.

3장 하나님의 인도

✝ "목사님, 어젯밤 꿈에 흰옷 입은 사람이 저를 쳐다보면서 동쪽으로 갔습니다. 이게 무슨 뜻입니까?"
"네…, 그 꿈은 말씀드리기 좀 곤란한데…. (멍! 멍! 멍! 멍!)"

하나님은 살아계신다. 그분은 뒷짐만 지고 서계시는 분이 아니라 살아계셔서 통치하시는 분이고 역사에 개입하시는 분이다. 방법상 그분은 우리 그리스도인을 사용하셔서 개입하신다. 그리스도인에게 제일 중요한 것은 '하나님의 뜻이 무엇인가?'를 아는 일이다. 하나님의 뜻을 모르고 열심만 내는 것은 아무 소용이 없다.

운동 경기의 경우, 규칙대로 경기하는 자가 상을 받는다. 예를 들어 100미터 달리기의 골인 지점이 중앙인데 왼쪽으로 열심히 뛰어갔다면 아무리 1등으로 달렸어도 소용없다. 방향이 제대로 맞아야 한다. 하나님의 뜻도 마찬가지이다. 하나님이 우리를 통치하시는 분임을 기억하고 열심히 달려가되 지식을 좇은 열심이어야 한다. "그들이 하나님께 열심히 있으나 올바른 지식을 따른 것이 아니니라"롬 10:2. '어리석은 자가 되지 말고 오직 주의 뜻이 무엇인가 이해하라'엡 5:17. '어리석은 자'와 '주의 뜻을 이해하는 자'가 대조되고 있다.

'내가 현재 하고 있는 일이 정말 주님을 기쁘시게 하는 일인가?' 스스로 물어보아야 한다. '이번 일주일 간의 삶이 하나님을 기쁘시게 한 삶이었는가?' 되돌아 보아야 한다. '내가 이렇게 시간 보내는 것을 하나님이 기뻐하시는가? 젊은 시절에 준비해야 할 것이 많은데 이렇게 시간을 보내도 괜찮은가?' 우리는 하나님의 뜻을 이해해야 한다. 하나님의 뜻과 정반대로 행할 수 있기 때문이다. 하나님의 뜻을 알고 그분의 인도를 받으면서 살아야 한다.

만일 하나님께서 큰 음성으로, "너는 이렇게 하라"고 말씀하시면 어떨까? 아니면 꿈에 나타나서 "오늘은 이렇게, 내일은 저렇게 해보라"고 말씀하시면 어떨까? 하나님은 전능하시니까 얼마든지 그럴 수 있지만 그것은 하나님이 원하시는 방법이 아니다. 하나님은 우리를 로봇으로 만들고 싶어하지 않으시기 때문이다.

하나님께서는 큰 음성이나 표적, 기사를 통해서 우리를 초능력으로 압도하여 인도하시지 않는다. 그렇게 되면 우리는 그저 로봇에 불과할 뿐이며, 믿음이 생겨날 여지도, 성숙할 기회도 없다. 하나님께서는 우리가 이미 계시된 말씀을 잘 깨달아 순종하기를 원하신다. 음성을 직접 들으면 어쩔 수 없이 순종하겠지만, 말씀을 깨달아 하나님의 뜻을 알면 자발적으로 순종할 수 있다. 스스로 판단해서 순종할수록 우리는 점점 더 성숙해질 수 있다.

하나님의 인도는 성경을 통해서 이루어진다. 그러나 성경에는 직접적으로 해답이 나와 있지 않는 경우가 상당히 많다. 예를 들어, 누구와 결혼을 해야 할지, 유학을 갈지, 어느 직장에 가야 할지, 어떤 사업에 투자할지 등등의 문제에 대해 성경에는 직접적인 답이 없다. 그렇다면 하나님의 인도를 받을 때 성경에 직접 나와 있지 않는 문제들은 어떻게 다루어야 할까? 이 주제를 본격적으로 다루기에 앞서 먼저 우리의 동기를 점검해 보아야 한다. '왜 하나님의 인도를 받으려고 하는가?' '왜 졸업 이후의 삶이나 결혼에 대해서 그렇게 걱정하는가?' '그 걱정의 뿌리 맨 밑바닥에 있는 것은 무엇인가?' 스스로 질문해 보아야 한다.

1. 왜 인도를 바라는가?

첫째, 보통 자기 앞날의 문제에 대한 안정감을 얻기 위해서이다.

사람들에게는 '일이 잘 안 되면 다른 사람들이 나를 어떻게 볼까?' 하는 실패에 대한 두려움이 있다. '이러다가 혹시 실패하는 것이 아닌가?' 자신의 명예와 욕심을 위해 하나님의 인도를 받으려는 경우가 많다. 그런 경우 하나님의 인도란 있을 수 없다.

둘째, 이미 내 삶을 주님께 드렸는데 주님의 도구가 잘못 사용되어지면 그만큼 하나님 나라에 손해이기 때문에 하나님의 인도를 받으려 고민한다. 이것이 그분의 인도를 구하는 진정한 이유여야 한다.

'혹시 내가 잘못 사용되어져 하나님 나라 확장에 방해가 되지는 않을까?' '내 몸이 내 것이 아니라 주님의 것인데, 주님의 것이 잘못 사용되면 어떻게 할까?' '시집을 잘못 가서 주께 봉사도 하지 못하고 불교를 믿도록 강요를 당하면 어쩌나?' '할 일이 이렇게 많은 이 때 내가 잘 사용되어야할 텐데, 길이 막히면 어떡하지?' '분명히 주님이 원하시는 건 내가 외국에 나가는 건데 국내에서 계속 버팀으로 주의 선한 일을 할 수 없다면 어떻게 할까?'

자신을 최선으로 드리려는 마음 때문에 앞날에 대해서 염려하면서 하나님의 인도를 받으려는 것, 이것이 진정으로 하나님의 인도를 구하는 마음 자세이다. 자신을 하나님께 드리지도 않고 주를 위해 살겠다는 결심도 서 있지 않은 사람에게 하나님의 인도란 아무 의미가 없다. 그것은 오히려 무당에게 점 보러 가는 것과 비슷하다. 자신이 생의 고삐를 쥐고 있는데 무슨 인도가 필요하겠는가? 자신이 원하는 대로 살면 된다. 그러나 하나님의 사람은 하나님의 음성을 들어 순종하기를 사모해야 한다. 그리고 내 삶을 최선으로 주님께 드림으로 축복의 통로가 되어 많은 사람이 복받기를 원해야 한다. 그렇게 결심한 자를 하나님께서 인도하시며, 또한 그 인도하심대로 따를 수 있는 것이다.

2. 올바른 인도

하나님의 인도하심을 올바르게 분별하기 위해서는 어떻게 해야 할까? 답은 하나다.

말씀을 통해서 하나님의 인도를 깨달을 수 있다. 다른 길은 찾기 힘들다. 어떻게 말씀의 인도를 받는가? 성경의 한 구절보다는 성경 전체를 통해 성경적 가치관을 습득할 때 가능하다.

예를 들어, 우리는 '간음을 할 것인가? 말 것인가?'의 문제를 놓고 주의 뜻을 물어보지 않는다. 이미 '간음하지 말아야 한다.' 는 답을 알고 있기 때문에 기도하지 않는다. 이런 것은 성경에 직접적으로 나와 있다. '살인하지 말라, 미워하지 말라, 화내지 말라, 욕심 부리지 말라' 는 것은 당연한 가르침이다.

이런 몇 가지 직접적인 말씀 외에는 하나님과의 관계에서 하나님의 뜻을 파악할 수 있다. 우리가 처음 친구를 사귈 때에는 그 친구의 생각이 무엇인지 잘 모른다. 그러나 몇 년 동안 사귀다 보면 자연스럽게 그 친구에 대해 많은 것을 알게 되어 나중에는 표정만 보아도 상대의 마음을 읽을 수 있게 된다.

마찬가지로 하나님과 깊이 관계를 맺다 보면 하나님의 성품을 알 수 있다. '아, 하나님이 이걸 원치 않으시겠구나.' 하나님의 뜻을 알 수 있는 단계에 이른다. 부모와의 관계에서도 마찬가지로 어릴 때에는 부모의 깊은 속내를 잘 모르지만 커가면서 그 마음을 이해하게 되듯이, 하나님과의 관계가 깊어질수록 하나님의 뜻을 잘 알게 되고 점점 그 뜻에 맞추어 살게 된다. 이러한 삶을 가리켜 하나님의 인도를 받는 삶이라고 한다.

3. 잘못된 인도

(1) 문맥 없는 성경 한 구절

성경의 한 구절, 그날 경건의 시간에 읽은 말씀 중 한 구절만 들추어 내어 인도받겠다는 생각을 해서는 안 된다. 말씀 한 구절만 따로 떼어 성경을 보는 것은 매우 위험하다. 아직까지 말씀을 깨달을 때 성경 한 두 구절에 의해 좌우되는 것이 한국 교회의 풍토인데, 성경은 문맥 가운데서 해석해야 한다.

식당에 가면 '네 시작은 미약하였으나 네 나중은 심히 창대하리라'라는 구절을 많이 볼 수 있다. 아마 개업할 때 작게 시작하지만 앞으로는 큰 부자가 되겠다는 꿈을 담아 이 구절을 붙였을 것이다. 성경 구절을 써 붙인 것만도 고맙지만, 원래 욥기의 "네 시작은 미약하였으나 네 나중은 심히 창대 하리라"욥 8:7는 말은 하나님이 하신 말씀이 아니고 수아 사람 빌닷이 한 말이다. 그는 욥이 죄짓고 회개하지 않아 벌 받는다고 생각해서 이제라도 욥이 회개하면 하나님께서 축복하실 것이라는 생각에서 이 말을 했다. 수아 사람 빌닷이 그렇게 존경받을 만한 사람인가? 그 말이 장사와 무슨 상관이 있는가? 빌닷이 고통 가운데 있는 욥에게 한 이야기를 왜 장사하는 식당에 붙여놓았는지 알 수 없다. 욥기 42장 7절에 하나님께서 욥의 세 친구(엘리바스, 빌닷, 소발)에게 "너희가 나를 가리켜 말한 것이 내 종 욥의 말같이 옳지 못함이니라"하고 노를 발하시는 모습이 나온다. 그렇다면 빌닷이 했던 말도 그 안에 포함된다. 문맥과 관계없이 이런 식으로 성경을 해석하는 것은 실로 위험하다.

말씀으로 하나님의 뜻을 분별하는 일은 본인의 성숙한 판단도 포함된다. 성숙한 자는 하나님의 뜻을 알고 "지각을 사용함으로 연단을 받아 선악을 분별하는 자들"히 5:14이다. 만약 병이 나면 어느 병원으로 갈지 분간해야 하지 않는가? 위가 나쁜데 안과에 가겠는가? 마찬가지로 하나님께서는 우리가 말씀의 토대 위에 성숙한 판단을 하기 원하신다. 선악과를 주신 이유도 우리의 자발적인 의지를 존중하셨기 때문이다. 하나님께서는 우리를 로봇으로 만들지 않으셨다. 그분은 우리가 하나님의 뜻을 분별하여 장성한 자로 자라가기를 원하신다.

(2) 열리거나 막히는 환경

어떤 일을 결정할 때 길이 열리면 하나님의 뜻으로 보고 막히면 하나님의 뜻이 아니라 생각해 그만두는 식의 태도를 경계해야 한다. 바울 사도는 로마에 가고 싶었지만 환경이 허락되지 않아 고린도에 남아 로마서를 기록했다. 크게 보면 환경이 열리지 않은 것이 하나님의 의도였다. 덕분에 오늘날 복음의 진수를 담고 있는 귀한 서신인 로마서가 우리에게 주어졌다. 환경이 열리고 닫히는 것으로 하나님의 인도를 생각하면 실수할 수밖에 없다. 그럴 경우 사탄은 일하기가 무척 수월해진다. 환경을 나쁘게 만들어버리면 주님의 일꾼들이 일을 안 하게 되기 때문이다.

환경이 열리는 것을 하나님의 인도로 믿는다면, 안 믿는 집에서 교회에 못나가게 막는 것은 하나님께서 그 사람이 교회에 나오지 않기를 원하신다는 뜻인가? 오히려 집에서 반대해도 계속 교회에 나가는 것이 하나님의 뜻이다. 환경을 이겨야 한다. 바울의 경우 환경 따라 주님의 인도를 생각했다면 전도를 계속 할 수 없었다. 그는 밤낮 생명의 위협을 받고 감옥에 투옥되곤 하였다. 그러나 주의 뜻을 확신했기 때문에 감옥에 들어가는 어려운 환경 속에서도 끝까지 복음을 위해 일했다. 요나의 경우는 어떠했는가? 주의 뜻에 불순종하여 욥바로 내려갔을 때 마침 배가 준비되어 있었고 바다는 때마침 잔잔했다. 이렇게까지 환경이 열리니 도피하는 것이 오히려 하나님의 뜻이라고 생각할 수 있지 않았을까? 환경의 인도는 믿을 수 없다. 우리는 오히려 하나님의 뜻이 무엇인지 분간하면서 환경을 극복해야 한다.

(3) 불확실한 꿈

꿈은 해석이 불확실하다.

"제가 꿈을 꿨는데요…."

보통 자신이 잠재적으로 원하는 것이나 어떤 충격적인 일, 인상적인 일이 꿈으로 나타나는 경우가 많다. 그러니 그 꿈을 어떻게 해석할 수 있으며, 그 해석을 성경의 어느 구절에 맞추겠는가? 꿈이라는 것은 믿을 수 없다. 만일 우리가 시각장애인인데다 성경도 없고 주위에 그리스도인이라고는 찾아볼 수도 없으며 신앙생활도 일주일밖에 안 된 상황이라면 혹시 꿈을 통해서라도 하나님이 말씀하실 수도 있겠다. 그러나 지금은 그런 식으로 인도받는 때가 아니다.

> 여호와의 말씀이니라 꿈을 꾼 선지자는 꿈을 말할 것이요 내 말을 받은 자는 성실함으로 내 말을 말할 것이라 겨가 어찌 알곡과 같겠느냐 _렘 23:28

"**마침** 다시스로 가는 배가 있네.
길이 열리니 하나님이 허락하신 게 분명해!"

예레미야 선지자는 꿈을 겨에, 여호와 하나님의 말씀을 알곡에 비교하면서 거짓 예언자들이 말하는 꿈의 거짓됨을 지적하고 있다.

주의 말씀은 확실하지만, 꿈은 어떻게 확신하는가? 꿈을 믿는 사람들의 공통적인 특징은 대부분 성경을 연구하지 않는다는 점이다.

(4) 잘못 해석된 징조

징조로 하나님의 뜻을 알아보려는 사람이 있다. 징조 이야기만 나왔다 하면 기드온의 양털 이야기를 끄집어 낸다. 그러나 기드온은 이미 미디안과 싸우라는 하나님 뜻을 알고 있었다. 다만 두렵고 용기가 없어서 '하나님이 나와 함께 하시는지'를 알기 위해 양털을 사용한 것일뿐 하나님의 뜻을 묻기 위함이 아니었다.

그리스도께서는 오히려 '악하고 음란한 세대가 표적을 구한다' 마2:39 라고 말씀하셨다. 성경을 두고 표적을 구하는 것은 잘못된 신앙이다. 만일 꿈에 다 나타난다면 믿음이 왜 필요한가? 하나님이 미리 다 보여준다면 믿음은 설 자리가 없다. 우리는 하나님의 뜻을 분간하여 비록 환경이 좋지 않아도 믿음을 통해서 열매를 맺어야 한다. 바울 사도는 그리스도인은 "믿음으로 행하고 보는 것으로 행하지 않는 자" 고후 5:7 임을 강조했다.

(5) 세상 경험에 근거한 조언

말씀의 인도를 받을 때 본인이 분간한 말씀뿐 아니라 성숙한 사람이 분간한 말씀을 받아들일 수 있다.

> 그리스도의 말씀이 너희 속에 풍성히 거하여 모든 지혜로 피차 가르치며 권면하라 _골 3:16_

우리는 성숙한 리더의 판단을 잘 받아들이고 목회자의 권면을 잘 들어야 한다. 단, 그들이 성경을 연구하는 사람이어야 한다. 선배, 직분자라는 이유로 무조건 그 말을 받아들이면 안 된다.

어떻게 살아야 할지 몰라 헤매던 대학 시절에 나를 도와준 선배가 있었다. 참 좋은 선배였지만 교회는 교회대로, 학교는 학교대로 빨리 적응하라며 이중적인 생활을 권면했다. 처음에는 그 말이 타당하게 여겨졌다. '사회에 몸을 담고 있으니까 어쩔 수 없구나.'라고 생각했다. 그러나 나중에 그 충고가 얼마나 잘못되었는지 알게 되었다. 기독교적인 정체성을 갖고 그리스도인으로서 친구들을 변화시켜야 하는데, 학교에서는 세상적인 가치관에 따라 사람들과 잘 지내고 교회에서는 기독교식으로 행동하라고 가르쳐준 것이다.

돌이켜보니 그는 교회를 오래 다닌 훌륭한 선배였지만 성경을 제대로 연구한 적이 없는 사람이었다. 성경 말씀은 잘 모르고 텔레비전이나 신문을 통해서, 친구들과 어울리면서 터득한 방식으로 조언을 하니 그렇게 말할 수밖에 없다. 나이 많은 선배의 조언이라고 그대로 받아들이면 곤란하다. 그것은 성경에 나와 있는 사상이 아니기 때문이다.

결혼 문제도 마찬가지이다. 부모님 말씀에 순종해야 하지만 평소에 부모님이 늘 성경을 연구하고 기도생활을 잘 하시면 모를까, 늘 텔레비전을 가까이 하고 성경 연구도 하지 않으신다면 아무리 그분들이 장로님이나 목사님 등의 직분자라 할지라도 그 조언에 대해 신중하게 고려해야 한다. 혹시 그분에게 세속적인 면은 없는가? '너는 의사한테 시집 가라.' '너는 변호사한테 시집 가라.' 혹은 '학벌은 어느 대학 이상은 되어야 하지 않겠느냐?'는 식의 세속적인 이야기를 따르면 안된다. 교회에 다니는 부모님이라고 할지라도 그분의 판단이 성경적인지 잘 분별해서 따라가야 한다.

4. 성경적 인도

말씀을 분별한 다음에는 기도해야 한다. 기도해서 어떤 음성을 들으려는 것이 아니라 세속적 생각을 버리기 위해 기도한다. 하나님과 대면하면, 즉 기도하면 자기의 세속적인 생각들이 수면 위로 떠오르기 시작한다. 그동안 TV, 신문, 책, 잡지, 불신자 친구나 명목상 그리스도인을 통해 영향받은 세상적 가치관으로 혼란스러웠는데, 하나님 앞에 기도하면서 세속적인 생각을 버리게 되고 성령으로 충만해진다.

무엇보다 계속 하나님의 관점에서 세상을 보는 훈련이 이루어져야 한다. 경건의 시간(Q.T.)과 개인성경연구(P.B.S.)를 꾸준히 하고 신앙 서적을 읽으면서 주님 안에서의 영적 경험들을 맛보아야 한다. 그럴 때 어떤 문제에 부딪치든 그 문제를 신앙적인 관점에서 해결할 수 있다. 초등학교 3학년 이후 수학책을 들여다보지도 않던 학생이 갑자기 미적분을 풀 수 있겠는가? 초등학교 때부터 꾸준히 수학을 공부해야만 나중에 고등학교에 가서 미적분을 풀 수 있는 것과 마찬가지이다. 평소에 하나님 말씀을 잘 깨달아야 한다. 그래야 인생의 어려운 순간에 하나님의 뜻을 잘 분간해 승리하는 삶을 살 수 있다.

또한 우리가 놓쳐서 안 될 부분은 하나님의 관심은 우리 삶 전체에 있지 중요한 사건에만 있는 것이 아니라는 점이다. 중요한 사건이 생길 때만 하나님의 뜻을 따르겠다는 태도는 옳지 않다. 결혼만 하면 될까? 결혼식은 한 순간에 불과하다. 하나님은 그 이후의 삶에 더 관심을 가지신다. '하나님, 제게 그 직장을 허락해 주십시오.' 하고 부르짖어 직장에 들어가지만, 중요한 것은 그 다음부터 계속되는 직장생활이다. '직장생활 속에서 어떻게 하나님을 영화롭게 할까?'에 관심을 두어야 한다. 하나님의 의도는 결국 우리를 거룩하고 흠없게 하시려는 것엡1:4이다.

결론적으로 가장 좋은 방법은 우리의 생각과 성향이 주님을 닮아가는 것이다. 주님이 원하시는 것이 내가 원하는 것이고, 내가 원하는 것이 주님이 원하시는 것이 되게 살아가면 된다.

> 나의 하나님이여 내가 주의 뜻 행하기를 즐기오니 주의 법이 나의 심중에 있나이다 시40:8

> 나의 양식은 나를 보내신 이의 뜻을 행하며 그의 일을 온전히 이루는 이것이니라 요4:34

주님의 마음과 내 마음이 많이 일치될 때 내 삶 자체가 하나님의 인도를 받는다고 할 수 있다. 그렇기 때문에 우리는 걱정하지 않는다. 실패란 없다. 때론 하나님께서 우리를 사망의 음침한 골짜기로 지나가게 하시지만 그 과정도 하나님께서 함께 하신다. 사망의 음침한 골짜기가 문제가 아니라 하나님의 임재의 유무가 문제다. 선한 목자되신 하나님께서 우리를 인도하시는 데 실패란 있을 수 없다. 그렇기때문에 우리는 힘있게, 최선을 다해 살 수 있다. 지금까지의 삶을 돌아보면서 "아, 다시 태어난다면 이렇게 살지 않을 텐데…."라는 후회가 새어 나와서는 안 된다. 이 글을 쓰고 있는 나는 다시 태어나도 이렇게 살 것이다. 하나님이 지금까지 나의 삶을 인도하셨음을 믿기 때문에 생을 마칠 때에도 결코 후회함이 없을 것이다.

하나님의 인도는 신앙이 성숙할수록 더 잘 분별하게 된다.

> 단단한 음식은 장성한 자의 것이니 그들은 지각을 사용함으로 연단을 받아 선악을 분변하는 자들이니라 _히 5:14

> 주의 말씀은 내 발에 등이요 내 길에 빛이니이다 _시 119:105

말씀 없이 하나님의 인도를 받으려 하면 시험이 찾아오고 잘못된 영의 인도를 받게 된다. 따라서 말씀을 부지런히 연구하는 것이 하나님의 인도를 받는 가장 중요한 방법이다. 하나님의 인도를 받는다는 것은 다른 말로 하면 성경을 부지런히 연구하는 것이다.

구원받고 성화되어 가는 중에 신앙 성숙에 장애가 되는 요인이 있다. 죄는 그리스도인으로 하여금 하나님과의 교제를 깨뜨리며 더 이상 주님의 일꾼으로 사용되지 못하게 만든다. 죄를 용서 받고 거듭난 후 그리스도인이 죄에 대해 어떻게 대처하며, 죄의식과 형벌 문제를 어떻게 다룰지 4장에서 알아보자. 5장에서는 고난의 문제를 다루는데, 어떤 사람은 고난을 당하면 낙심하여 신앙 생활을 멈추거나 돌아서기도 한다. 그러나 고난은 신앙의 걸림돌이 아니라 더 견고해지고 성숙한 단계로 나가는 축복의 통로다.

II 신앙의 걸림돌 다루기

4장 죄의 문제

> 신자와 불신자의 공통점이 하나 있다.
> 죄를 꾸준히 짓는다는 점이다. 신자와 불신자의 차이점도 있다.
> 신자는 회개를 하나, 불신자는 후회를 한다는 점이다.

1. 계속 짓는 죄

(1) 죄와 회개

 죄는 신앙생활을 방해하는 요인이며 성령충만의 천적이다. 성령충만을 깨는 방법은 죄를 짓는 것이다. 그런데 아무리 훌륭한 그리스도인이라도 죄를 지을 수 있다. 한때 수천 명을 전도한 사람이라도 한 순간에 욕심이 생겨 죄를 지을 수 있다. 죄는 아침마다 새롭다. 신앙생활의 승패는 지은 죄를 얼마나 빨리 회개하는가에 달려 있다. 여기서 신앙의 성숙도가 결정된다.
 그리스도인이 죄를 지으면 어떤 일이 발생하는가? 먼저 하나님과의 교제가 끊어진다.

하나님과 나 사이에는 두 개의 줄이 있다. 예수 그리스도를 믿을 때 나는 하나님의 손을 붙잡고 하나님은 내 손을 붙드신다.

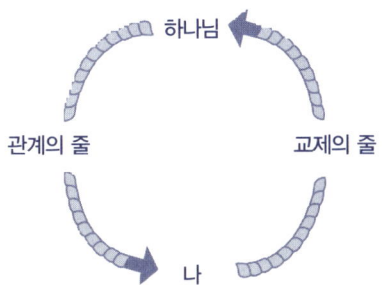

이 두 줄 중에 내가 붙잡은 줄은 교제의 줄이고 하나님이 붙잡은 줄은 관계의 줄이다. 관계의 줄은 생을 마치는 날까지 계속된다. 만약 죄를 지으면 교제의 줄, 즉 하나님과의 교제가 끊어지지만, 회개하면 다시 연결된다. 우리는 인생을 살면서 이 교제의 줄을 붙잡았다 놓았다 하기를 반복한다. 아버지와 자녀로서의 하나님과의 관계는 영원 불변하나, 하나님과의 교제는 죄를 지으면 끊어지고 회개하면 다시 회복된다. 교제가 끊어질 때 위로부터 오는 평안과 능력이 사라져 우리 안에 확신과 기쁨이 없을 뿐 아니라 괴롭기만 하고 열매 없는 삶이 시작된다.

그럴 때는 속히 회개해야 한다. 이미 경험해 보았겠지만, 일단 죄를 지으면 그 사실을 아는 상태에서 곧바로 회개하기란 쉽지 않다. 보통 죄짓고 나서 바로 회개하지 않고 미루다가 나중에 어쩔 수 없이, '주님 내가 잘못했습니다.' 하는 식으로 기도하게 된다. 신앙이 어릴수록 죄짓고 나서 회개하기까지 시간이 많이 걸린다. 그러나 신앙이 성숙하면 성숙할수록 그분과의 교제가 끊어지는 것을 못 견디어 빨리 회개하게 된다. 우리는 기본적으로 죄를 짓지 않으려고 힘써야 하나 죄를 지으면 빨리 회개하려고 노력해야 한다.

(2) 상습적인 죄

하나님께서는 우리가 회개하면 어떠한 죄든지 용서받을 수 있다고 약속하셨다.

> 우리의 죄를 따라 우리를 처벌하지는 아니하시며 우리의 죄악을 따라 우리에게 그대로 갚지는 아니하셨으니 이는 하늘이 땅에서 높음 같이 그를 경외하는 자에게 그의 인자하심이 크심이로다 동이 서에서 먼 것같이 우리의 죄과를 우리에게서 멀리 옮기셨으며_시 103:10-12

우리가 분명히 기억할 것은 어떠한 죄든지 "하나님, 제가 잘못했습니다. 용서해 주십시오" 회개하면 하나님이 용서해 주신다는 사실이다. 우리는 이 사실을 믿어야 한다.

그런데 문제는 반복적으로 죄를 짓는 경우이다. 용서를 구하고 다음에 같은 죄를 다시 범하는 것이다. 상습적으로 열 번쯤 죄를 짓고 나면, '벼룩도 낯짝이 있는데 하나님께 열 번째 똑같은 죄를 짓고 어떻게 용서를 구하나? 나, 이거 참.' 하면서 회개하지 못하는 경우가 많다. 그러나 동일한 죄를 계속 지어서 민망하더라도, 그럴수록 더 하나님께 가까이 나가야 한다.

그렇게 나아갈 때 하나님은 우리를 어떻게 보실까?

"어, 이 친구가 이런 죄를 처음 지었네." 하신다. 하나님은 우리가 회개하면 기억도 하지 않겠다고 약속하셨기 때문이다. '동이 서에서 먼 것처럼 우리 죄과를 옮기겠다'고 말씀하셨다. "나는 열 번째입니다." 라고 말하지만, 지난날에 용서했던 죄는 기억도 하지 않으시기에 하나님 보실 때에는 처음이라는 말이다.

> "내가 그들의 악행을 사하고 다시는 그 죄를 기억하지 아니하리라"
> _렘 31:34

그러므로 우리는 뻔뻔스럽게 나아가야 한다. 성경에 '은혜의 보좌 앞에 담대히 나아갈 것'히 4:16 을 말하는데 쉽게 풀이하면 뻔뻔스럽게 나아가라는 말이다. 그렇지 않으면 우린 죄를 용서받을 길이 없기 때문이다. 우리 인간이 얼마나 한심한 죄인인가? 사실 열 번 정도 죄를 지은 사람은 양반이다. 어쩌면 생을 마치는 그날까지 같은 죄를 9,610번째쯤 짓게 될지도 모른다. 그렇다할지라도 계속해서 하나님께 나아가야 한다. 하나님께서 지난 날 회개한 죄에 대해 기억하지 않으신다고 했다.

지금까지 지은 죄가 있는가? 회개 기도하라. 그렇다면 당신은 깨끗하게 될 것이다. 죄는 노력해서 없어지는 것이 아니라 오직 고백할 때 없어질 수 있다.

필자가 쓴 「차마 신이 없다고 말하기 전에」(불신자나 초신자를 대상으로 하여 기독교의 핵심을 소개한 책, IVP)란 책에 나온 비유를 잠시 빌려오겠다. 목욕탕에 갈 때마다 '주인이 날 어떻게 볼까? 전에 왔었는데 또 왔다고 한심하게 여기지 않을까?' 하면서 부끄러워 돈만 얼른 내고 숨어 들어가는가? 그렇지 않다. 목욕하러 가는 것은 자연스러운 일이며, 목욕탕 주인이 "전에도 왔었는데, 또 왔구나 또 왔어….." 하고 혀를 끌끌 차지도 않는다.

하나님 앞에서 우리는 늘 그런 상황에 놓여 있다. 우리는 항상 죄를 닦아내야 하며 항상 회개해야 한다. 그러기위해 하나님 앞에 뻔뻔하게 나가는 것이 진정 우리에게 필요한 자세다.

(3) 죄를 이김

아예 죄를 짓지 않도록 싸워야 한다. 예를 들어 음란죄를 짓지 않으려면 애당초 그런 환경이나 분위기를 피해야 한다. 음란한 동영상을 보지 않기 위해 컴퓨터를 자기 방에서 가족들이 드나드는 거실로 옮겨 놓아야 한다. 경건한 생활을 방해하는 TV가 있는가? 유익한 프로그램만 취사선택하여 절제하면서 볼 수 있다면 괜찮겠지만, 일단 한 번 보면 헤어 나오지 못하고 귀한 시간을 모두 TV에 내준다면 과감히 TV를 없애야 한다. 어쨌든 죄를 짓거나 경건에 방해되는 것은 원천 봉쇄를 해야 한다.

죄짓지 않는 더 좋은 방법은 주님의 일에 힘쓰는 것이다. 적어도 주님의 일을 하는 시간 만큼은 죄지을 겨를이 없어진다. 게다가 주님의 일을 하면 할수록 심령이 더 강건해지고 주님과의 영적 동행을 누리게 되므로 성령충만을 깊이 경험하게 된다. 그리고 주위에 경건한 친구를 많이 둠으로 계속 죄지을 기회를 차단하는 것도 중요한 방법 중 하나이다. 다윗의 아들 암논이 범죄한 것은 간교한 친구 요나답의 충고 때문이었다 삼하 13:3-5.

스스로 죄를 멀리 할 것을 결단한 욥처럼 우리도 이 시대에 의인으로 살아가기 위해 스스로 죄를 피하여야 할 것이다.

내가 내 눈과 약속하였나니 어찌 처녀에게 주목하랴_욥 31:1

2. 죄의식

(1) 죄의식을 극복하라

범죄 이외에도 성령충만과 하나님과의 긴밀한 교제를 방해하는 것이 죄의식이다. 죄의식은 하나님께 나아가지 못하고 피하게 만드는 사탄의 교묘한 전략 중 하나이다.

이전에 어떤 여대생과 이야기를 나눈 적이 있었다. 그 자매는 하나님만 생각하면 두려워서 그분께 나아갈 수가 없다고 했다. 예수님을 믿고 나서 처음엔 참 좋았지만 시간이 지날수록 자신이 얼마나 한심한 죄인인가를 깨닫고는 그분과 감히 교제할 수 없게 되었다고 고백했다. 하나님과 교제를 하면 할수록, 하나님께 나아가면 나아갈수록 자신의 부족한 모습을 더 분명하게 보게 된다. 그런데 잘못된 죄의식에 함몰되어 어떤 사람들은 심한 경우 신경 쇠약증에 걸리기도 한다. 교회 리더나 집사, 장로, 목사라 할지라도 '나는 왜 이 모양인가? 이렇게까지 한심하고 형편없는 모습이 나란 사람의 실체였나?'라는 생각을 하게 된다. 그러나 우리가 죄의식에 갇혀 움츠러들고 하나님과 멀어질수록 사탄은 쾌재를 부른다. 우리는 원래 한심한 죄인들이었다. 예수님을 믿어 의인이 되고 교회에서 직분까지 얻으면 저절로 거룩한 사람이 될 것 같지만 실상은 그렇지 않다. 오히려 자신의 부족함만 더 느낄 따름이다.

주님 앞에 처음 나아갈 때 우리는 자신이 하나님 앞에서 얼마나 큰 죄인인가를 깨닫는다.

"하나님, 이 죄인을 용서해 주십시오."

그동안 하나님께 불순종하며 살아온 자신의 죄를 회개하며 많이 운다. 이때 인식한 죄를 30이라는 수치로 표시한다면, 그 후 계속 신앙생활을 하면서 빛 앞에 나갈수록 자각하게 되는 죄는 60, 150, 370, 590, 1270, 2600, 3500…으로 점점 커져간다. 바로 여기서 심한 죄의식에 빠지면서, '아니 내가 이럴 수가 있나?' 하고 낙담하기 십상이다. 그러나 잊지 말아야 할 것은 원래 우리는 1000이나 2000 정도가 아니라 9,000,000,000,000,000(9천조)나 되는 큰 죄인이라는 사실이다. 우리는 구제 불가능의 죄인이며 전적으로 타락한 자이다.

약 1,000,000(1백만)만큼의 죄인만 됐어도 우리를 대신하여 주님이 죽지 않으셨을지 모른다. 하나님은 우리가 말할 수 없이 한심한 존재임을 알고 계셨기에 십자가를 통해 우리를 용서하셨다. 그러므로 쓸데없는 자기 연민에 빠지지 말고 빨리 자신의 부족함을 인정하며 그분의 은혜를 바라보고 나가야 한다.

"나는 3500만큼의 죄인이니 하나님은 날 미워하실 거야."

그러나 하나님은 우리를 미워하지 않으신다. 우리가 이미 주님 안에 연합되어 있기 때문에 하나님께서 우리를 미워할 방도가 없다 롬 5:12-21.

우리를 미워하려면 주님을 미워해야 하는 곤란한 문제가 생긴다. 하나님은 우리 모두를 다 사랑하신다. 하나님께서 9,000,000,000,000,000(9천조)의 죄인을 사랑하시는데, 내가 3500 정도의 죄인이라면 그래도 다행스러운 일이 아닌가!

(2) 특별한 사랑을 인식하라

죄의식을 갖기보다는 오히려 하나님께서 우리를 사랑하신다는 의식을 늘 가져야 한다.

보통 신앙 간증을 하는 사람들은 하나님께서 자신에게 베풀었던 특별한 은혜를 간증한다. 이전에 어떤 사람의 간증을 들으면서 하나님께서 특별히 그를 사랑하시는 것을 느낀 적이 있었다. 그러나 그 간증을 듣고 있는 나 역시 하나님이 특별히 사랑하신다. 어떻게 나 같은 죄인이 구원받고 신앙생활을 할 수 있는가? 이것이야말로 특별한 사랑이다. 타락하기 좋은 세상에서 타락하지 않고 거룩을 향해 사는 것이야말로 참으로 놀라운 은혜다. 하나님은 나를 아주 특별하게, 무궁무진하게 사랑하신다. 간증하던 그 사람을 사랑하시듯이 나도 똑같이 사랑하신다.

다만 신앙생활을 하면 할수록 우리 자신의 한심함을 더 발견하게 되는데, 이는 우리를 겸손케 하여 하나님의 은혜에 늘 붙어있게 하는 과정이다. 교만하면 하나님께로부터 은혜가 오지 않아 망하고 만다. '교만은 패망의 선봉' 잠 16:18이다. 하나님의 은혜를 받고 싶지 않거든 교만하라. 그러나 하나님은 당신을 너무너무 사랑하시되, 아주 특별한 방법으로 사랑하신다.

우리의 한심함은 주님의 사랑에 비추어볼 때 아무 문제도 되지 않는다. 지금부터 아무리 애를 쓰고 발버둥쳐도 주님이 우리를 미워하게 만들 수 없다. 이미 우리가 죄인 되었을 때에 주께서 우리를 사랑하셨기 때문이다. 이미 9천조의 죄인인 한심한 자를 사랑하신 것이다. 현재 자신의 모습에 너무 놀라거나 흥분하지 말라. 죄의식에 사로잡혀 도피하지 말라. "아니, 내가 이럴 수가 있을까?"가 아니라, "아니, 나도 이럴 수가 있구나!"로 자신의 연약함을 인정하면서 주님께 회개하며 나아가라.

(3) 의인의 신분을 덧입으라

부족함을 느끼면 죄의식에 사로잡힐 것이 아니라 주님의 은혜에 사로잡혀야 한다. 그러기위해 기도하며 성경을 연구해야 한다. 목회자인 나 역시 내 죄성에 대해 말하라고 한다면 끝이 없다. 단지 한심한 9천조의 죄성을 성령의 능력으로 누르면서 버틸 뿐이다. 온갖 탐심과 졸렬함, 치사하고 더럽고 추악한 모습이 누구에게나 다 있다.

그런데도 사탄은 우리를 자꾸 고소한다. "그 정도 밖에 안되는 네 모습으로 무엇을 하려고 하지?"

맞다. 나는 아무것도 할 수 없다. 하지만 하나님께서 "너는 의인"이라고 말씀하셨기 때문에 할 수 있는 것이다. 원래 내가 하는 행동은 괴수같지만 나는 분명한 의인의 신분을 지니고 있다.

이단인 구원파에서는 이런 취약점을 노려 장로교, 감리교, 침례교 등 소위 정통 종파의 신자들을 많이 끌고 갔다. 깨어 있지 않고 그냥 교회만 출석하는, 뜨겁지도 차지도 않은 교인들이 없다면 통일교나 구원파는 장사가 안되서 진작 문을 닫았을 것이다. 최근에도 이단으로 넘어간 사람의 소식을 들었다. 이런 일은 '예수님을 믿는다'는 것이 무슨 의미인지 모를 때 자주 발생한다.

도대체 '예수 그리스도를 믿는다'는 말은 무엇인가?

예수 그리스도께서 내 죄 때문에 죽으셨기 때문에 나는 죄인임에도 불구하고 그분의 공로로 의인이 되었다. 그리스도께서 우리를 피로 사셨기 때문에 우리에게 여전히 한심한 모습이 있더라도 이제 찬양하면서 승리의 생활을 하는 것이다.

그러나 사탄이 우리에게 "네가 그런 모습으로 무슨 일을 하려고 하느냐?"고 물어볼 때가 많다. 그럴 때마다 우리는 이렇게 대답해야 한다. "그래, 나도 나의 한심한 모습 다 알아. 그런데 뭐가 문제이지? 나 원래 한심한 존재야."

자신의 부족함을 괴로워하고 자학하는 것은 그리스도인이 할 일이 아니다. 이미 우리는 돌아올 수 없는 다리를 건넜다. 이제부터는 부족한 자신을 있는 그대로 인정하고 남을 돌보며 살아야 한다. 복음을 열심히 전하고 어린 신자들을 양육하는 삶을 살다보면 자기 문제로 고민할 시간이 없다. 우울증에 걸린 사람들의 대부분이 남을 돌보는 것과 거리가 먼 삶을 산다.

늘 자신의 한심함에 대해 말한다면 이는 이미 결정된 사실에 대해 계속해서 언급하는 격이다. "우리 아빠는 남자다"라고 매일 말하는 것과 같다. 누구나 다 아는 이 명제를 만날 때마다 말할 필요가 있을까? 이제 그 주제에 대해서는 그만 말하겠다고 결심하라. 자신의 한심함은 이미 세상이 다 알고 있는 사실이다. 빨리 '끝'을 선언하고 더 이상 이러니 저러니 따지지 말라. 이제 나는 주를 위한 '세상의 빛이요 소금'마 5:13,14이다. '잘 하면 세상의 빛, 소금이 될지도 모른다.'가 아니라 이미 빛이요 소금이다. 바꿀 수 없다. "저는 빛이 아닌데요." 막 우기려해도 소용없다. 이미 빛이기 때문에 빛처럼 사는 것이 중요하다.

나는 대학시절 캠퍼스 정문에 들어갈 때마다, '나는 이 학교에 꼭 필요한 사람이다. 이 학교는 나 때문에 움직인다. 나는 영적인 총학생회장이다.'라는 생각을 했다. 그 당시 교수님을 비롯해 수많은 사람들을 만났고 그들에게 많은 도움을 줄 수 있었던 것은 하나님께서 "너는 빛이라"고 말씀하셨기 때문이다.

물론 나 자신을 들여다 볼 때, '내가 무슨 빛인가?' 하는 마음이 들 수 있다. 그러나 하나님께서 빛이라고 말씀하셨기 때문에 우리도 마음을 분명하게 정해야 한다. 한심하고 졸렬하며 치사한 우리지만, 하나님께서 덮으셨다. 우리는 성령 충만한 가운데 옛 성품을 덮고 새 성품을 지닌 삶을 살아간다. 하나님의 '신의 성품'벧후 1:4에 참여할 수 있다. 다른 말로 하면 우리도 이 나그네 길을 가면서 '거룩한 사람'이란 소리를 들을 수 있다. 한심한 자이지만 못난 죄성을 성령의 능력으로 누름으로 성자가 될 수 있다. 바울도, 다른 많은 신앙의 선배들도 마찬가지였다.

교회에서는 임원이지만 집에서는 인정받지 못하는 사람도 있을 것이다. 학교나 직장에서 '빼질이'라고 찍힌 사람도 있을지 모른다. 누구든지 그리스도인이라면 바뀌어야 한다. 앞으로 다 성자가 되어야 한다. 지금까지 '빼질이'라고 해서 계속 '빼질이'일 것이라고 확신하지 말

라. 우리는 변화되어 성자로 살아갈 수 있다.

3. 죄와 벌

(1) 죄를 지면 벌을 받나?

우리 그리스도인에게 벌이 있을까?

결론부터 말하자면, '없다'. 나는 나이 서른이 되어서 비로소 로마서 8장 1절의 말씀을 진정으로 깨닫게 되었다.

> 그러므로 이제 그리스도 예수 안에 있는 자에게는 결코 정죄함이 없
> 나니 _롬 8:1_

그전까지 나는 이 구절을 '항상 정죄함이 있나니'로 상정하며 읽었다. 그러나 본문은 무엇을 말하는가? '그리스도 예수 안에 있는 자에게는 결코 정죄함이 없다.' 심판, 벌이 없다는 뜻이다. 만약 그리스도인에게 벌이 있다면 나부터가 지금의 이런 멀쩡한 모습으로 살아 있지 못할 것이다.

그리스도인에게 벌이 있다고 가정해보자. 음란하면 한쪽 눈의 시력을 잃고 남을 미워하면 갑자기 앉은뱅이가 될지 모른다. 시기하면 엉덩이에 두드러기가 날 수 있고, 잘난 척하면 코가 깨지는 벌을 받을지 모른다. 그런데 어쩐 일인지 지금까지 벌 받지 않고 잘 살아왔다. 만일 우

"기도도 안하고 십일조도 안 했더니 드디어 내가 벌을 받았구나."

리가 예배를 계속 빼먹고 헌금도 안 내면서 그 돈을 다른 곳에 쓴 지 석 달쯤 되었다고 하자. 슬슬 마음 속에 '이제 벌 받을 텐데…' 하는 막연한 두려움이 찾아온다. '신앙생활 안 하고 기도도 안 하고 헌금도 떼어먹고 교회도 안 나가고… 이제 벌 받을 텐데… 아마 벌 받을지 몰라.'

그러다가 우연히 돌부리에 걸려 넘어져 코가 깨지면 비로소 속이 시원하다. 액땜! '드디어 내가 받을 벌을 받았구나.' 액땜한 기분이다. 그러나 사실 코가 깨진 이유는 벌 받을 생각만 하면서 딴청하다가 돌부리에 걸려 넘어졌기 때문이다. 결코 벌 받은 것이 아니다.

이미 성경은 예수 믿는 자에게는 결단코 정죄함이 없다고 말한다. 자기가 지은 죄 때문에 벌 받을 것이라고 말한 적이 없다. 왜냐하면 우리의 죄 때문에 예수님이 십자가에 죽으셨기 때문이다. 주님이 죄에 대한 형벌을 이미 다 치루어 주셨기 때문에 우리는 벌을 받지 않는다.

당신이 지금보다 더 형편없어진다 할지라도 결단코 벌을 받지 않는다. 만약 예수 믿는 우리에게 정죄함이 있다면 우리는 모두 몸에 깁스를 하고 붕대와 반창고를 요란하게 붙이고 다녀야 할지 모른다. 하루에도 수백 번 잘못된 생각을 하는데 왜 이렇게 멀쩡한가? 나뿐 아니라 다른 사람도 다 멀쩡하다. 이것이야말로 바로 벌이 없다는 확실한 증거다. 그런데 남을 미워하거나 교만한 마음을 품을 때에는 벌 받을 생각을 하지 않다가, 헌금을 떼어먹거나 교회 출석을 안 하면 벌 받을 것이라고 생각하는 근거는 어디에 있는가?

물론 하나님께서 우리를 무척 사랑하시기 때문에 너무 잘못할 때는 징계하시기도 한다. 그러나 징계는 사랑의 표현이지 죄에 대한 벌이 아니다. 벌은 주시지 않겠다고 약속하셨다. 만약 죄에 따른 벌이 있다면, 다시 말해 정죄함이 있다면 우리는 견디기가 너무 힘들 것이다. 9천조의 죄성을 지닌 인간인지라 매일 하나님께 얻어 터질 수 밖에 없다. 잘못했다고 벌주신다면 우린 매일 매시간 벌 받아야만 한다. 우리가 얼마나 한심한 존재인지를 아시는 하나님께서 우리의 죄악에 따라 벌 주신다면 우린 단 한 순간도 평안할 수 없다. 괜히 예수 믿어 밤낮 얻어 터지기만 하는 것이다. 이 땅에 사는 우리는 아직 온전해지지 않았기 때문에 늘 실수와 부족함이 있기 마련이다. 그런데 그때마다 벌이 있다면 어떻게 살아가겠는가? 예수 그리스도께서 죽으심은 바로 우리의 죄 때문이다. 우리 대신 그분이 죄를 받으신 것이다. 따라서 우리가 그분 안에 있을 때 우리에게는 결코 정죄함이 없다. 만일 그렇지 않다면 예수 그리스도의 십자가는 아무 소용이 없다.

(2) 왜 벌을 안 주실까?

왜 하나님은 우리에게 벌을 주시지 않는가? 우리가 벌 때문에 주님을 섬기면 어린 자가 되기 때문이다. 하나님의 원래 의도는 무엇인가? 비록 아담과 하와는 자발적으로 불순종하여 타락했지만, 하나님의 계획은 자발적으로 순종하는 자녀를 만드는 것이다. 형벌 때문에 어쩔 수 없이 교회에 나오고 벌 받을 것이 두려워 헌금 드리며 주님을 섬긴다면 주님의 입장에서 볼 때 얼마나 섭섭하겠는가?

어버이날을 맞이해서 자녀가 선물을 드릴 때, 속으로는 드리고 싶지 않은데 부모한테 야구 방망이로 얻어맞을까봐 갖다 드렸다고 하자. 부모가 그 사실을 알면 기뻐하겠는가? 얻어맞을까봐 선물을 드리는 것과 부모의 사랑을 깨달아 선물 드리며 공경하는 것 중 어느 것을 부모가 기뻐하겠는가? 진정한 효도란 부모의 사랑을 깊이 깨닫고 자발적으로 순종하는 것을 의미한다.

하나님은 벌 받을까 두려워서 순종하는 것을 바라지 않으신다. 하나님은 예수 그리스도의 십자가를 통해 우리의 형벌을 없애 주셨고, 우리는 형벌 때문이 아니라 바로 이 사랑 때문에 자발적으로 순종한다. 이것이 하나님이 기뻐하시는 성숙한 자의 모습이다. 무엇보다 주님의 사랑을 깨닫고 주님을 위해 살겠다는 자발적 순종이 중요하다. 선교사로 떠나는 이유가 '선교사로 헌신하지 않으면 매(?)맞을까봐서' 라면 아무 의미가 없다. 비록 선교사의 삶이 힘들지만 귀한 일임을 깨닫고 '주를 위하여 내가 가겠나이다.' 라고 결단해야 한다. '주를 기쁘시게 할 것이 무엇인가 시험하여 보라'엡 5:10고 했다. 하나님은 우리가 주의 사랑에 감격해서 섬기기를 원하신다.

선교사로 떠날 마음이 있는가? 어릴 때 아무 것도 모르고 선교사로 헌신하겠다고 손들었기 때문에 싫어도 할 수 없이 가는가? 그런 선교사라면 차라리 가지 않는 것이 낫다.

'한 번 사는 인생, 이왕이면 복음을 알지 못하는 밀림 지역 사람들을 위하여, 그들에게 복음을 전하기 위하여 선교사로 가겠습니다. 제 젊음을 드리겠습니다.'

하나님은 우리가 자발적으로 순종하는 자녀가 되기를 바라신다.

만일 아담과 하와에게 칼을 들이대면서 "선악과 따 먹어. 안 따 먹으면 죽어!"라고 강요했다면, '어차피 죽을 거 차라리, 따먹고 죽자'라면서 열매를 먹었을지 모른다. 그러나 아담과 하와는 그런 강요된 상황 때문이 아니라 스스로 결정해서 하나님을 떠났다. 하나님은 타락했던 인간들이 자발적으로 돌이켜 순종하는 것을 기뻐하신다. 이것이 예정론의 중요한 내용이다. 자발적으로 순종하게 하려고 하나님은 사실상 벌을 없애버리셨다.

인간은 잘못을 범했을 때 하나님의 공의 때문에 두려워할지 모르지만 하나님의 공의를 알고 안심해야 한다. 하나님은 결단코 우리를 벌하지 않는다고 약속하셨다. 그러므로 그리스도 예수 안에 있는 자는 결코 정죄함이 없다. 그렇다면 하나님은 이 악하고 못된 인간들에게 왜 벌을 주시지 않는가? 도대체 어떻게 감당하시려고 그런 엄청난 일을 하셨나?

하나님은 외적인 처벌 대신에 우리 마음을 감동시키신다. 아예 성령님께서 우리 안에 내주하시면서 우리 마음을 바꾸시고 순종하게 하신다. 우리는 진정으로 사랑하는 사람에게는 알아서 순종하지만 강하게 억압하는 독재자에게는 순종하지 않는다. 누군가를 진실로 사랑한다면 그 사람 말을 잘 듣게 되어 있다. 사랑하는 사람에게 잘못했을 때 미안한 마음에 오히려 자신이 더 괴로워한다. 하나님과 인격적 관계에 있을 때 죄를 지으면 참 죄송스럽고 괴롭다. 율법으로 묶여 있을 때에는 이런 자발적 힘이 없다. 그런 사람은 어린 자에 불과하다. '강제적으로 해야만 하니까-안 하면 안 되니까-그렇게 안 하면 벌 받으니까'가 아니라, 정말 '하나님을 위해 살겠다.'는 진심으로 신앙생활을 해야 하나님이 기뻐하신다. 율법적으로 신앙생활 하려는 사람들은 그 생각을 속히 고쳐야 한다.

5장 고난의 시험

✝ 고난이 하나님의 축복이라고 기뻐하는 사람은 둘 중의 하나다.
정신이 이상한 사람이거나 아주 성숙한 그리스도인일 것이다.

'왜 하필 나에게 이런 고난이 찾아오는가?'

이 질문은 인류 역사가 시작되면서부터 던져진 주제 중 하나일 것이다.

먼저 고난은 두 가지 차원에서 온다는 점을 알아야 한다. 하나는 위로부터 주어지는 시련(trial)이고, 다른 하나는 땅 위의 것으로부터 오는 욕심으로 인한 시험(temptation)이다. 특별한 잘못이 없는데도 까닭없이 어려움이 닥치는 경우가 있고, 괜히 욕심 부려서 시험에 드는 경우가 있다. 전자는 시련이고 후자는 시험이다. 시련이란 스스로 어떻게 해볼 수 없는 상황에서 오는 어려움을 말한다. 이 시련은 위로부터 주어진 것인데 잘 통과하면 빛나는 인격을 소유한 온전한 자로 구비될 수 있다.

그런데 하나님께서는 왜 이런 시련을 주시는 것일까?

> 이로써 그 보배롭고 지극히 큰 약속을 우리에게 주사 이 약속으로
> 말미암아 너희가 정욕 때문에 세상에서 썩어질 것을 피하여 신성한
> 성품에 참여하는 자가 되게 하려 하셨느니라_벧후 1:4

하나님은 우리를 신의 성품에 참여하는 자로 만드시려고 한다. 하나님은 우리 같이 한심한 죄인을 하나님처럼 거룩한 자로 만드시기 원한다. 이때 하나님이 사용하시는 도구가 바로 '시련'이다.

1. 고난의 유익

(1) 불순물을 제거하여 온전한 자로 만든다

> 인내를 온전히 이루라 이는 너희로 온전하고 구비하여 조금도 부족
> 함이 없게 하려 함이라_약 1:4

주님께서 우리를 온전케 하는 법칙을 정하셨는데, 그것은 시련 곧 고난을 통해 우리를 온전케 하시는 것이다. 이는 변함없는 진리이며 누구도 바꿀 수 없는 법이다. 이 법칙에 대해 기분 나빠 하지 말라. 하나님이 정하셨다. 하나님의 뜻은 고난을 통해서 우리를 온전케 하시는 것이다. 따라서 우리는 고난이 우리를 온전케 하기 위한 하나님의 사랑의 도구임을 깨달아야 한다. 환난을 통해 좋은 성품과 연단(인격, character)

을 이루기 때문이다롬 5:3,4.

(2) 고난을 통해서 자기 신앙을 점검해 볼 수 있다.

고난이 없을 때는 누구나 믿음에 대해 쉽게 이야기한다. 그러나 막상 고난을 당하면 자신의 믿음이 얼마나 작은지를 알게 된다. 고난을 겪으면서 작은 시험에도 요동하는 자기의 모습을 통해 그동안의 신앙생활이 얼마나 부실했는지를 깨닫고 마 13:21 자신의 믿음 없음을 회개하며 하나님께 더 가까이 가게 된다.

거울을 통해 자기 얼굴을 볼 수 있듯이 자기 신앙의 수준은 고난을 통해 측정할 수 있다. 매주일 교회에 나가서 소위 대학부 리더나 집사, 혹은 장로로 섬기고 있다면 과연 자신의 신앙이 어느 정도인지 어떻게 알 수 있을까? 이 땅에서 주어지는 신앙의 직분만으로 하나님 앞에서도 인정받을 수 있을까? 내 신앙의 실체는 고난이라는 영적 거울을 통해 확인할 수 있다. 그동안 자신의 신앙이 어느 정도 되는지 궁금하지 않았는가? 고난이 올 때 비로소 자기 신앙의 현주소를 알 수 있다.

(3) 온전히 하나님을 의지하게 된다.

현재 하나님을 의지하는 정도와 어려울 때(예를 들어, 암으로 6개월 시한부 선고를 받았을 때) 의지하는 정도는 전혀 다르다. 우리 인간은 어려울 때 더욱더 하나님을 의지하게 된다. 새벽기도에 가서 울며불며 하나님께 매달린다. 세상에 의지할 것은 하나도 없다. 오직 하나님, 위로의 하나님만 바라보는 가운데 하나님과 더 깊은 교제를 나눈다. 병상에서, 또는 고통 중에서 하나님께 울부짖으면 하나님으로부터 많은 위로를 받는다. 그동안 교만했던 마음이 온전히 하나님만 바라보며 겸허해진다.

(4) 가장 중요한 것과 덜 중요한 것이 무엇인지 구분할 수 있다.

평소에는 불만이 많다. 많이 가지면 가질수록 불만도 더 많아진다. 그러나 막상 고통과 환난의 때를 당하면 먹을 것과 입을 것만 있어도 족한 줄로 여긴다. 인생에서 정말 중요한 것과 중요하지 않은 것이 무엇인지 비로소 깨닫는다. 걸을 수만 있어도, 볼 수만 있어도 얼마나 감사한가? 누구나 나름대로 감사의 조건을 갖고 있는데도 그 조건에 감사하기보다는 부족한 부분, 없는 것에 대해 불만을 갖기 마련이다. 이것이 인간의 본 모습이다. 성경에서는 "범사에 감사하라"_살전 5:18_고 말씀하지 않는가? 고난을 통해 인간은 작은 일에도 감사하게 된다.

(5) 진정한 그리스도인임을 확인할 수 있다.

성경에서는 그리스도인이라면 환난을 당한다고 말씀했다.

> 이것을 너희에게 이르는 것은 너희로 내 안에서 평안을 누리게 하려 함이라 세상에서는 너희가 환난을 당하나 담대하라 내가 세상을 이기었노라_요 16:33

> 제자들의 마음을 굳게 하여 이 믿음에 머물러 있으라 권하고 또 우리가 하나님의 나라에 들어가려면 많은 환난을 겪어야 할 것이라_행 14:22

예수님을 믿으면 환난이 있고 핍박이 있다는데 만일 내게 고난이 없다면 참 불안한 일이다.

'내게 잘못된 것은 없는가? 분명히 성경에는 믿는 자에게는 고난이 따른다고 했는데 내게 이상하게도 고난이 없다? 집도 부유하고, 부모님에게도 문제가 없고, 대학이나 직장도 잘 들어가고, 공부도 잘하고, 외모도 괜찮고… 모든 것이 다 괜찮다. 고난이 없다.'

만일 여러분이 이렇다면 어떻겠는가? 문득 불안하지 않겠는가?

'나는 가짜가 아닐까? 거듭난 것이 확실한가? 왜 내게는 고난이 없는 거지?' 불안하다. 그러다가 어느 날 고난이 찾아온다면 '과연 나도 그리스도인임'을 확인하는 계기가 될 것이다.

하나님은 고난을 주실 수밖에 없다. 왜냐하면 우리는 온전하지 않기 때문이다. 온전케 하시기 위해 때로 고난을 주시겠다고 했는데, 그동안 고난이 없어 불안했었다. 그러다 드디어 나한테도 고난이 왔다. '하나님이 바쁘셔서 그동안 다른 사람에게 고난을 주시다가 드디어 내 차례가 되었구나. 이제 나의 인격이 빛날 것이다. 그동안 쌓였던 더러운 불순물들을 내게서 제하시겠구나.' 하는 마음을 갖게 된다. 고난을 대하는 우리의 합당한 자세는 '하나님이 확실히 나를 받으셨구나' 하는 안도감이어야 한다. 고난의 때야말로 하나님께 정금처럼 나갈 수 있는 기회가 된다.

(6) 타인을 이해할 수 있다

어려움을 많이 겪은 사람들은 남을 이해할 수 있지만, 어려움이 없는 사람들은 자기 입장에서 남을 보기 때문에 진정으로 남을 이해하지 못한다. 신앙도 마찬가지이다. 고난 없이 신앙생활을 해온 사람들은 남들이 왜 헤매는지 이해하지 못하고 쉽게 정죄할 수 있다. 베드로 사도가 주의 일을 잘할 수 있었던 이유는 두 가지다. 하나는 그리스도를 부인한 경험이고 다른 하나는 용서받은 경험이다. 예수님을 따라다니면서 수제자라고 큰소리치다가 주님을 부인한 경험이 있는 베드로였기에 많은 사람을 양육하면서 한심하고 답답해도, "왜 저 모양이냐?"하며 포기하지 않고 끝까지 바라고 믿고 견딜 수 있었을 것이다.

나는 지금 내가 목사라는 사실이 스스로 생각해도 우습다. 이전의 나의 모습을 떠올려보면 '나같은 사람이 어떻게 목사가 되었지?' 하는 생각이 들 때가 있다. 그래서인지 형제, 자매들의 실수하는 모습을 볼 때 '이전에 나도 그랬지.' 하면서 그들을 정죄하기보다는 오히려 도와주고 싶은 마음이 생긴다. 나도 2년 반 동안 헤맨 전적이 있고 정상적인 신앙의 궤도에서 벗어나 방황한 시기가 있었기에 다른 사람의 문제와 고민을 이해할 수 있다. 어쨌든 우리는 고난을 통해서 남을 이해하고 용납할 수 있게 된다.

링컨 대통령은 가난해서 초등학교도 졸업하지 못했고 시험의 실패와 수차례 낙선의 경험을 거친 후 대통령에 당선되었다. 이런 어려운 환경 속에서 실패를 통해 그의 인격이 많이 닦였다. 요셉의 경우도 마찬가지이다. 그는 형제들에게 팔려 애굽으로 가 종살이하다가 옥살이까지 하게 되었다. 주인 보디발의 집에서 열심히 일했는데 옥살이까지 하게 되다니 이게 웬말인가? 종살이에서 옥살이로 이어지는 환상의 코스를 통과한 후에 그는 총리로 하나님께 쓰임받았다.

여러분 중에 혹시 집안이 가난한 사람이 있는가? 얼굴도 굉장히 못생기고 능력도 없고 잘 하는 것이라고는 아무것도 없는 사람이 있는가? 그런 사람이 제대로 믿고 청년시절에 열심히 신앙생활을 하면 아주 큰 인물이 된다. 역사상 위대한 인물은 다 그런 역경을 통과했다. 높은 산에는 깊은 골짜기가 있기 마련이다. 안일한 삶을 사는 사람보다 어려움을 겪은 사람들이 훌륭하게 될 가능성이 많다. 결국 고난은 나를 온전케 하는 하나님의 방법이다. 고난을 통해 성숙해지기 때문이다. 고난은 곧 성숙에의 길이다.

2. 고난에 관한 오해

(1) 죄 지으면 고난을 받는다?

이상하게도 그리스도인들 중에는 신앙생활을 잘 하면 고난이 피해가리라고 생각하는 사람들이 있다. 그래서 고난이 닥치고 시험에 실패하거나, 사업 혹은 진급이 안 되거나, 시집을 못 가거나, 자기 몸에 병이 나면, '내가 잘못한 일이 있나? 내가 죄를 지었나? 신앙생활을 잘못한 것이 아닐까?'하고 생각하는 경향이 있다. 물론 이런 기회를 통해 자기를 돌아보는 것은 좋다. 그러나 고난은 신앙생활을 잘못한 결과가 아니라 하나님이 나를 온전케 하기 위한 수단임을 기억해야 한다.

신앙생활을 잘못해서 고난이 찾아온다는 생각은 앞에서 언급한 바

있는, 그리스도인에게도 정죄함이 있다는 오해와 비슷한 발상이다. 이것은 동양의 인과응보 사상이지 성경적 고난관이 아니다. 욥이 고난 받을 때에 욥의 친구들이 바로 그렇게 생각했다.

'분명히 욥이 무엇인가 잘못했기 때문에 그런 고난을 받는 것이다.' 욥의 친구들은 욥이 까닭없이 고난을 받을 리 없으므로 숨긴 죄를 회개하라고 채근했다. 이러한 인과응보적 시각이 우리 그리스도인들 안에도 만연하다. 신앙생활을 하다가 고난이 오면, "내 기도가 부족해서…"라고 말한다. 그런 사람은 고난에 대한 주님의 의도를 모르는 사람이다. 그리스도인이라면 마땅히 많은 환난을 겪게 된다고 성경에서 이미 말하지 않았는가!

(2) 신앙생활 잘하면 고난이 없다?

어떤 사람은 "사랑하는 자여 네 영혼이 잘됨같이 네가 범사에 잘되고 강건하기를 내가 간구하노라" 요삼 2절는 말씀을 인용해 우리가 신앙생활 잘 하면 만사형통하고 건강의 축복이 임한다고 주장하기도 한다. 그러나 이 구절은 요한이 사랑하는 가이오에게 편지를 쓰면서 그를 위해 기도한 내용이지 하나님의 약속이 아니다. 우리도 사랑하는 사람을 위해 기도할 때 건강하고 잘되기를 기도하지, 망하고 병들기를 바라는 기도를 하지는 않는다. 성경에는 하나님의 약속의 말씀뿐 아니라, 기원과 문안 인사도 있다. 이를 잘 구분해서 하나님의 약속은 붙들되 기도 내용을 교리로 삼아서는 안 된다.

'그리스도인들이 신앙생활을 잘하면 복받는다.'는 이야기는 100%

맞는 말이다. 그런데 문제는 그 복의 내용이다. 만일 복의 개념을 넓은 평수의 아파트에 살고 좋은 자가용 타고 다니며 만사가 잘 풀리는 것으로 생각한다면 그것은 기독교가 아니다. 기독교를 기복 신앙으로 변질시킬 뿐이다. 신앙생활을 잘 하면 분명 복을 받는데 그 복의 내용이 무엇인가? 잘 먹고 잘 사는 것, 만사형통한 것이 아니라 온전한 자가 되는 것이요, 심령이 가난한 자가 되는 것이다. 그리스도를 본받는 것이다. 이것이 바로 하나님이 원하시는 온전한 자녀가 되는 의미에서의 복이다. 성경에도 심령이 가난한 자가 복되며 주야로 하나님의 말씀을 묵상하는 자가 복되다고 했지, 잘 먹고 잘 사는 사람(명문대학 나와 고시 패스하고 사람들에게 인정받으며 부유하게 사는 사람)이 복되다고 하지 않았다.

우리는 고난은 우리를 온전케 하는 것임을 깨달아야 한다. 신앙생활을 잘 하려면 고난을 피하지 말고 오히려 고난 가운데 우리의 인격을 잘 성숙시켜 나가야 할 것이다.

3. 고난받을 때 잘못된 태도

(1) 원망

욥의 부인처럼 고난받을 때 하나님을 원망하는 경우가 있다. 욥의 부인은 고난받는 남편에게, "하나님을 원망하고 죽어라!"고 말했다. 아주 과격하다. 훌륭한 욥이 어쩌다 그런 부인을 만났는지 모르겠다.

(2) 인과응보

욥의 친구들처럼 고난은 죄의 벌이라고 생각하는 것이다. 친구들은 욥에게 와서 "너의 숨긴 죄를 이야기하라."고 한다. 욥은 고난을 통해 연단받고 있는 중인데, 친구들은 그에게 숨긴 죄를 고백하라고 한다. "네가 고난받는 것은 신앙생활을 잘 못했기 때문이야."

4. 고난받을 때 바른 태도

(1) 이후에 받을 복을 생각한다

욥의 태도를 가져야 한다.

> 내가 가는 길을 그가 아시나니 그가 나를 단련하신 후에는 내가
> 순금같이 되어 나오리라 _욥 23:10

어떤 사람들은 일이 잘 안되면 하나님을 원망하면서 신앙을 버린다. 대다수 사람들은 환난이 닥치면 이를 어떤 죄에 대한 결과로 받아들여 의기소침해진다. 하나님을 벌주는 분으로 생각하기 때문이다. 환난을 겪을 때 죄에 대한 벌로 생각하는 우를 범해서는 안된다. 이것은 인과응보 교리의 불교나 동양종교에서 가능한 일이다. 기독교에서는 결코 있을 수 없는 일이다. 환난은 우리를 더욱 쓸 만한 그릇으로 만들어 줄 기회며, 우리를 더욱 온전케 하는 발판이 될 수 있다.

우리는 고난받을 때 욥과 같은 태도를 가져야 한다. '비록 내가 고난 중에 있지만 나는 연단 중'이라고 말할 수 있어야 한다.

(2) 기쁘게 여겨야 한다

> 사도들은 그 이름을 위하여 능욕받는 일에 합당한 자로 여기심을 기뻐하면서 공회 앞을 떠나니라_행 5:41

야고보 선생도 "너희가 여러 가지 시험을 당하거든 온전히 기쁘게 여기라"약 1:2고 말씀한다. 우리는 다방면으로 부족하기 때문에 여러 가지 시험을 당한다. 마치 눈이 나쁘면 안과에 가고 위가 안 좋으면 내과에 가야 하듯이, 부족한 부분마다 전문의의 손길이 필요하다. 탐심, 욕심, 정욕 등을 치료하기 위해서 각각의 전문의를 통해 '고난 수술'을 받아야 한다. 그러므로 고난이 있을 때 우리는 고난을 온전히 기쁘게 여겨야 한다.

'왜 하필 나에게 이런 고난이 오는가?'가 아니라 '바로 나이기 때문에 이 고난이 오는 것이다.' 이렇게 우리의 생각을 전환해야 한다. 고난받을 때에 '과연 하나님은 살아계시는가?'하면서 하나님의 존재와 고난의 이유를 따지기 시작하면 우리는 불신앙에 빠지기 쉽고, '어떻게 이 고난에 대처할 것인가?' 고난의 반응에 관심을 가지면 경건한 자가 된다. 역경을 많이 겪은 사람의 인격이 빛나는 것이 성경적 원리다.

따라서 '고난에도 불구하고 기뻐하는 신앙'이 아니라 '고난 때문에 기뻐하는 신앙'으로 바뀌어야 한다. 사실 이것이야말로 우리가 세상에 내어놓을 수 있는 그리스도인의 표라고 할 수 있다. 도저히 기뻐할 수 없는 상황에서 기뻐하는 것, 그것은 우리가 현재를 보지 않고 다음을 바라보기 때문이다. 고난의 이유에 대해서 성경은 정확히 말해주지 않는다. 그러나 고난의 목적은 분명하다. 하나님이 우리를 온전케 하시기 위함이다.

고난이 이미 닥쳤다면 어떻게 하겠는가? 여러분은 어떻게 반응하는가? 이유에 매달리면 우리의 신앙은 바닥으로 치닫고 반응에 매달리면 우리의 신앙은 점점 자란다. 몸이 잘못되면 수술을 받아야 건강해지듯이 고난을 통해서 온전한 인격이 형성된다. 고난은 우리를 온전케 하는 하나님의 손길이다.

지금 이 순간은 고개를 끄덕일 수 있지만 실제 고난의 현장에 서면 정신이 없다. 그렇기 때문에 평소 경건의 연습을 해야 한다. 교회만 왔다 갔다하면서 차지도, 뜨겁지도 않은 상태에 있으면 막상 어려움이 닥쳐올 때 세상 사람들처럼 반응하기 쉽다. '왜 이럴까? 왜 하필 나에게 이런 어려움이 닥쳐올까?' 하는 의문이 고개를 든다. 그러나 평소 주님과 깊은 관계를 유지하는 사람들은 이런 때에 '바로 나이기 때문에, 하나님이 특별히 사랑하는 나이기 때문에 역경을 주시는구나.' 하고 고백한다.

5. 어떻게 고난을 극복하는가?

고난을 극복하는 바울의 모습을 한번 들여다보자.

> 생각하건대 현재의 고난은 장차 우리에게 나타날 영광과 비교할 수
> 없도다_롬 8:18

바울 사도는 앞부분에서 우리가 그와 함께 영광을 받기 위하여 고난도 함께 받아야할 것이라고 말하고, 그 나라에는 고난이 없지만 그 나라를 향해 가는 우리에게는 고난이 있다고 말한다. 이 고난을 어떻게 이길 수 있겠는가?

마틴 로이드 존스 목사는 우리에게 세 가지 태도를 알려준다.

(1) 성경적 관점으로 생각하라

'성경에서 고난에 대해 무엇이라고 말씀하는가?'

고난은 나를 온전케 하는 하나님의 방법이라는 사실을 다시 꽉 붙잡아야 한다. 고난받을 때 침착하게 고난의 목적, 하나님의 의도에 대해 생각해야 한다. 이것이야말로 사탄을 이길 수 있는 방법이다.

(2) '현재와 장차'의 이중적 시대관으로 보라

'현재의 고난은 장차 우리에게 나타날 영광과 비교할 수 없도다' 라는 로마서 8장 18절의 말씀을 통해서 볼 수 있는 '현재와 장차' 라는 이중적 시대관을 가져야 한다.

세상 사람들에게는 '현재' 밖에 없다. 어느 날 갑자기 시각 장애인이 되거나 전신마비가 되거나, 혹은 큰 화상을 입어서 얼굴이 흉하게 되면 세상 사람들은 소망을 잃어버린다. 그들에게는 현실을 압도할 미래가

없기 때문에 생을 비관하며 자포자기하게 된다. 그러나 우리 그리스도인에게는 '현재의 고난과 장차의 영광' 이라는 이중적 시대관이 있다.

현재 이 땅에서 좋지 못한 조건과 배경을 갖고 있는가? 그러나 그 나라는 '현재'와 비교할 수 없는 영원한 나라다. '현재'는 우리에게 기껏해야 70, 80년 정도 배당되어 있다. 그러나 앞으로 나타날 그 나라는 '천억만년×9000억 배×8천조 배…'로 무한히 계속되는 '장차' 의 나라다.

(3) 하나님이 예비하신 영광을 바라라

> 현재의 고난은 장차 우리에게 나타날 영광과 비교할 수 없도다_롬 8:18

> 우리가 잠시 받는 환난의 경한 것이 지극히 크고 영원한 영광의 중한 것을 우리에게 이루게 함이니_고후 4:17

환난과 영광은 함께 저울질할 수 없을 만큼 엄청나게 차이가 난다. 현재의 고난은 우리에게 나타날 영광과 비교할 수 없다고 했다. 우리는 장차 나타날 영원한 나라에서 엄청난 영광을 누리며 살 것이다. 지금이 아니다. 지금은 고난과 멸시를 받는다. 믿지 않는 사람들로부터 부끄러움을 당한다. 나그네 길에서는 인정받지 못한다. 그러나 그날 엄청난 영광을 경험할 것이다. 바로 이 사실 때문에 현재의 고난을 이길 수 있다. 그날의 영광이 우리 모두에게 보장되어 있기 때문이다.

예를 들어, 10명의 자녀를 둔 가장이 있는데 너무 가난해서 하루에

한 끼밖에 못 먹는다고 하자. 자녀들에게 남들처럼 새 옷도 사서 입히고 학원도 보내고 싶지만 그에게는 도저히 그럴 능력이 없다. 얼마나 마음이 아프겠는가? 그런 그에게 어떤 사장이 영하의 추운 날씨에 내복만 입고 밤새도록 창고에 있는 중요한 물건을 지켜주면 그 대가로 다음날 100억을 주겠다는 제안을 한다면 어떨까? 어려운 일이지만 그는 아이들을 생각하며 추위를 잘 견디지 않겠는가? '추위가 너무 혹독하지만 이제 조금만 참으면 새벽이 올 것이다. 그러면 100억을 받아 아이들과 행복하게 살 수 있겠지.' 기대하면서 인내할 것이다.

우리에게 바로 그런 자세가 필요하다.

> 장차 나타날 영광과 족히 비교할 수 없다_롬 8:18 개역한글

이것이 바울 사도의 고백이다. 지금 여러분에게 어떤 어려움이 있는가? 지금 고통스런 환경에 처해 있는가? 한탄할 일이 있는가?

그래도 우리 그리스도인에게는 소망이 있다. 영생의 소망이 있다. 장차 나타날 영광이 있다. 그래서 현재 닥친 고난을 극복해 나갈 수 있다. 문제는 우리가 그 영광을 한 번도 본 적이 없고 기껏 이 땅의 영광만 보아왔다는 점이다. 그래서인지 우리의 관심은 오직 이 땅의 영광에만 있다. '좋은 학벌, 멋진 차, 넓은 평수의 아파트, 높은 직위…'

나는 때로 고등학교 때까지 신앙생활을 잘 하다가 대학이나 직장에 들어가서 신앙을 버리는 청년들을 본다. 또 세상을 사랑하여 신앙생활을 소홀히 하는 성도들도 있다. 참으로 안타까운 일이다. 눈에 보이는

"아무리 추워도 견뎌야 해,
이제 조금만 참으면 새벽이야.
그러면 100억을 받아 아이들과 행복하게 살 수 있어!'

세상의 영광과 그 나라의 영원한 영광을 맞바꿔치기한 것이다. 그들은 세상의 작은 영광 때문에 엄청난 영광을 놓치는 어리석은 자이다.

하나님이 준비하신 영광은 과연 어느 정도일까? 겨우 이 땅이 주는 영광과 비교될 정도겠는가? 아니다. 족히 비교할 수 없다고 말한다. 우리에게 예비되어 있는 영광을 바라볼 수만 있다면 상대적으로 이 땅의 영광은 보잘것없고 추해져서 앞으로 누릴 영광에 대한 기대로 행복해진다. 그래서 고난과 역경이 있다 할지라도, 그 나라에 준비된 영광을 바라보며 기쁨과 감사로 승리할 수 있다.

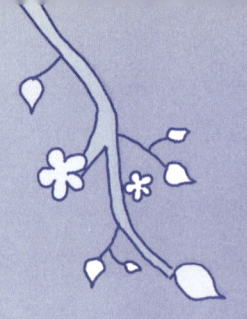

신앙의 걸림돌을 다루는 지혜를 익힌 후 신앙은 역동적인

운동력을 지녀야 한다. 성장의 다음편으로 넘어가는 길에는

탄탄대로가 아닌 건너뛰어야 하는 징검다리가 있다.

뛰면서 신앙은 근력이 붙고 강건해진다. 이번 6장과 7장에서는

그리스도인의 신앙을 한층 더 강화시켜주는

전도와 교제에 대해 다루고자 한다.

III 신앙의 징검다리 건너기

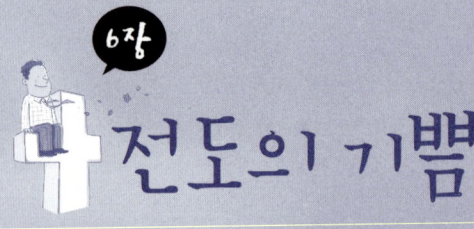
6장 전도의 기쁨

✝ – 목격자를 찾습니다 –
여호와의 증인도 아닌 주제에 늘 복음을 소개하는 깨어있는 그리스도인을 본 사람!

    전도란 우리가 알고 있는 복음의 사실을 불신자에게 알려주는 행위다. 전도는 그리스도인에게 꼭 필요한 일이다. 만약에 우리가 운동은 하지 않고 계속 앉아서 먹고 자기만 한다면 몸이 얼마나 둔해지고 건강에 해롭겠는가? 신앙도 마찬가지다. 자기가 갖고 있는 신앙이 다른 사람에게 전달될 때 신앙은 역동적인 모습을 띠며 활성화된다.
    신앙의 어떤 주제는 앉아서 자기 나름대로 정리해도 되지만, 전도는 실습하지 않으면 아무것도 아니다. 의대생들은 의학 이론을 배우고나서 실습을 한다. 운전도 실제 연습을 해야 한다. 책만 보고나서 바로 차를 몰고 다닐 수는 없다. 마찬가지다. 신앙의 실습이 바로 전도다.
    그렇다면 전도에서 가장 중요한 것은 무엇인가?

답은 실제로 전도하는 것이다. 직접 하면 된다. 하는 것만큼 중요한 것은 없다.

그런데 왜 전도를 하지 않는가?

1. 전도하지 않는 이유

(1) 개인적인 이유

1) 대상이 너무나 많다

이 땅에 불신자가 너무 많기 때문이다. 우리에게 불신자가 5명만 남아 있다면 빨리 그들을 전도해서 끝내려고 열심을 낼 것이다. 그런데 주위에 불신자들이 너무 많으니까 아예 엄두가 나지 않는다. 예를 들어, 내일이 시험이고 공부해야 할 책이 250권인데 한 권도 끝내지 못했다면 시험 준비할 의욕이 생기겠는가? 마찬가지로 주위에 불신자가 너무 많기 때문에 아예 전도할 생각을 못할 수도 있다. 하지만 모든 불신자를 다 전도하라는 말이 아니다. 자신이 할 수 있는 만큼만 전도하면 된다.

2) 바쁘다

21세기 한국에 살면서 바쁘지 않은 사람이 어디 있는가?

"나는 너무 바빠!" 누구나 다 알고 있는 얘기는 할 필요가 없다. 바쁘지 않은 사람이 어디 있는가? 그러나 성경은 바쁘든지 바쁘지 않든지 복음을 전하라고 명한다. 무엇보다 시간을 확보하는 것이 중요하다. 1주일에 몇 시간 정도는 불신자를 만나 복음을 전하는 데 할애할 수 있어야 한다. 이것이 정상적인 신앙생활이다. 그리스도인으로서 이런 영적 운동을 하지 않으면 삶이 얼마나 지루한지 모른다.

3) 지식이 너무 부족하다

"전도하러 나가면 꼭 스가랴서나 요한계시록에 있는 말씀에 대해 물어 볼 것 같다."고 말하는 사람이 있다. 그런데 실제로 이런 경우는 거의 없다. 불신자들은 스가랴가 성경에 있는지도 모른다. 자기는 성경에 대해 잘 모른다고 생각하며 주저하지만 불신자에 비해 우리가 알고 있는 지식은 실로 엄청나다.

① 하나님이 계시며 그분이 천지를 지으셨다는 사실
② 예수 그리스도가 구주라는 사실
③ 그분을 믿으면 구원을 받는다는 사실

전도란 성경을 가르치러 나가는 것이 아니라 예수 그리스도가 우리를 위해 죽으셨다는 사실을 전하러 가는 것이다.

'당신은 죄인이지 않은가? 주님이 당신을 위해 죽었으며 부활하셨다는 사실에 대해 당신은 어떻게 반응하겠는가?' 불신자에게 이렇게 질문하고 그가 주님께 돌아올 것을 촉구할 뿐이다.

4) 인격적으로 너무 부족하다

자신이 너무 부족하다는 사실 때문에 전도하지 못하는가? 사실 우리는 생을 마치는 그날까지 늘 부족하다고 고백할 수밖에 없다. 그런데 그리스도께서 우리에게 무엇이라고 말씀하셨는가? "너희는 세상의 빛이다"

자꾸 자신에 대해서 이야기하지 말라. 우리는 늘 부족한 상태이다. 그러나 그리스도께서 부족한 우리를 통해서 세상에 복음을 소개하기 원하신다. 우리는 부족하지만 말씀과 기도로 날마다 자신을 복종시키면서 이 일을 할 수 있다. '인격이 어느 정도 준비되면 하겠다'고 생각하는 사람은 주님 만나뵐 때까지 전도하기 쉽지 않을 것이다.

5) 전도는 내 은사가 아니다

사람마다 조금씩 차이는 있다. 같은 복음의 내용을 전하더라도 영접의 열매가 많은 사람이 있고 그렇지 못한 사람이 있다. 개인차가 있지만, 전도는 은사로 주어진 것이 아니라 모든 그리스도인에게 주어진 명령이다.

6) 말보다는 생활이 중요하다

물론 그리스도인의 삶이 빛나야 한다. 그러나 말이란 우리의 생각을 설명하는 데 아주 효과적인 도구이다. 그런 도구를 굳이 사용하지 않을 필요가 있을까? 게다가 그리스도인이 아무리 생활을 잘한다고 해도 존경을 받는 것으로 그치지, 그 삶을 통해서 불신자가 '예수 믿으면 구원받는다'는 사실을 저절로 깨닫게 할 수는 없다. 복음은 설명해 주어야 한다. 바울이 무엇 때문에 그렇게 고생스런 여행을 하면서 입으로 복음을 전했겠는가? 믿음은 들음에서 생기기 때문이다롬 10:17.

7) 거부당할까 두렵다

이 문제는 전도하는 자들이 반드시 극복해야 할 과제이다. 전도할 때에는 당연히 멸시를 당하고 조롱을 당한다. 이것은 기본이다. 이상하게 생각하지 말라. 오래 전도하다 보면 이를 극복할 수 있다. 좋은 방법은 팀을 짜서 함께 나가고 둘씩 짝을 지어 전도하는 것이다. 함께 전하는 동역자가 있다는 사실만으로 힘이 되며 영적 전투에서 한 사람이 전도할 때 다른 한 사람은 기도로 힘을 실어줄 수 있다.

8) 하도 많이 들어 반응하지 않는다

마지막으로 전도하지 않는 가장 중요한 이유는 이미 '면역'되었기 때문이다.

"어릴 때부터 하도 많이 들어서…."

"또 전도 이야기이군요. 그것은 마태복음 28장 20절에 있어요. 사도행전 1장 8절에도 나와 있지요."

그러나 어릴 때부터 교회 다닌 사람이 아니라 나중에 예수님을 믿은 사람은 이 말씀에 따라, "아! 복음을 전해야 하는구나." 하면서 실제로 나가서 복음을 전한다. 그러나 모태신앙인들은(모태신앙인 분들에게 미안하지만) 절대로 전도하지 않는다. 왜 하지 않는가?

"중학교, 고등학교, 대학교 수련회 때마다 전도에 대한 얘기는 들었어요. 이번에도 23번째 듣는 말씀이에요. 다 알고 있어요. 전도해야지요. 신자의 마땅한 도리 아닙니까?"

그러고나서는 절대로 전도하지 않는다. 그런 면에서의 끈기와 지속력은 대단하다. 초등학교 때도 전도하지 않더니 대학이나 사회에 나가서도 전도하지 않는 일관성이 있다. 전도에 대해서는 많이 이야기 하는데 그 사람을 통해서 거듭난 사람은 한 사람도 없다.

각 교회 임원단이 모인 수련회에 간 적이 있었다. 주제가 '학원을 그리스도께로'였기에 임원들에게 물었다.

"이 중에 자신을 통해서 10명 이상 거듭난 사람이 있으면 손들어 보세요."

한 사람도 없었다.

"그럼 5명이라도?"

단 1명도 없었다.

더 묻기도 민망해서 그만두었다.

'학원을 그리스도께로!', '일어나 빛을 발하라', 이런 제목들을 왜 그렇게도 좋아하는지 모르겠다. '추수할 일꾼을 보내소서! 나를 보내소서!' 라든가, '익은 곡식 거둘 자가 없는 이때에' 같은 찬송은 수련회 때마다 단골 메뉴로 등장한다. 나도 중고등학교 시절에 수련회만 가면 '나를 보내주소서' 같은 찬양을 부르면서 울었던 적이 여러 번 있었다. 그러나 수련회가 끝나면 아무데도 가지 않는다. 가기는 어디를 간단 말인가?

예수 믿은 지 3년 이내에는 아직 말랑말랑해서 오히려 전도를 잘 하는데 5년, 10년 신앙의 연수가 늘어감에 따라 딱딱하게 굳어져서 무감각해진다.

일단 면역이 생기면 웬만큼 강한 자극에도 잘 반응하지 않는다. 계속해서 강한 것을 썼다가 도리어 면역력이 더 강해져 치료하기 어려워질 수도 있다. 하나님의 긍휼이 없으면 절대 벗어나지 못한다. 이미 면역되어 아무리 복음 전도를 강조해도 반응하지 않는 무감각한 자신의 심령을 위해 기도해야만 한다. 자신의 힘으로는 안된다. 하나님의 긍휼이 아니면 절대 벗어나지 못한다. "하나님, 제발 전도에 대해 면역되어 버린 저를 치료해주십시오."

(2) 이론적으로 잘못된 이유

1) 성경에는 2가지 명령, 전도명령과 문화명령이 있다.

2) 복음전도와 사회적 책임은 동전의 양면이다.

3) 노방전도는 비효과적이다. 우정전도 방식의 전도가 필요하다.

이 3가지 문제시된 이론에 대해서는 「높아진 문화명령 낮아진 복음전도」 (생명의 말씀사)를 참조하라

2. 전도하는 방법

(1) 명단을 작성하라

누구에게 복음을 전할 것인가 생각하며 먼저 명단을 작성한다. 19명의 명단을 작성해야 한다. 19명이라는 수치는 이 땅의 모든 그리스도인들에게 할당된 몫이다. 전 세계 인구 중 95%가 불신자이므로 5%의 그리스도인이 각각 19명을 책임져야 한다.

19명에서 1명 덧붙여 20명을 목표로 열심히 전도할 때 본인의 신앙 성장도 함께 이루어진다. 이 인원은 기본이며 최소한으로 우리에게 할당된 몫이다. 20명의 이름을 적고 그 영혼들을 위해서 기도를 시작한다. 기독교에 대한 편견이 없어지도록, 그리스도에게 관심이 생기도록 기도한다. 내가 복음을 전할 때 그들이 죄인임을 깨닫고 예수님께 나아와 회개할 수 있도록 기도해야 한다.

내가 아는 어느 교사는 예수님을 영접한 후 곧바로 전도하기 시작했다. 하루는 그 교사의 수첩을 보았는데, 380명의 이름이 적혀 있었다. 그는 그 영혼들을 위해 늘 기도하고 있었는데, 내가 만났을 때 그를 통해 회심한 사람이 이미 300여 명이 넘었다. 당신도 그렇게 할 수 있다. 사실 20명은 우리가 발 뻗고 잘 수 있는 최소한의 인원이다. 20명의 영혼을 거듭나게 했다면 이제 겨우 명함을 내민 정도라고 보아야 한다. 그 정도도 해 놓지 않고 다른 일을 생각한다는 것은 일종의 사치다. 여태까지 한 명도 주님께 이끌지 않은 채 가만히 앉아서 쉴 수 있는가? 20명의 이름을 적고 기도하면서 빨리 거듭날 수 있게 하라. 올해 크리스마스 때까지라도 노력해서 자신의 몫을 다 감당한 연후에 진로나 결혼과 같은 자신의 문제도 생각해야 하지 않겠는가?

(2) 만남을 실천하라

명단을 작성한 다음에는 자주 만나 차를 마시거나 함께 운동을 하면서 친해져야 한다. 경우에 따라 밥도 사주고 커피도 사줘야 할지 모른다. 맛있는 음식을 사주면서 그가 살아온 이야기를 듣고 함께 시간을 보내면서 우정을 쌓아 간다.

믿지 않는 사람이 술 먹으러 가자고 하면 어떻게 할 것인가? "안 가. 나는 교회 다니니까 술 먹으면 안돼!"라고 고자세로 말하면 안된다. "아직 이른 시간인데 술먹는 것보다는 차 마시는 게 어때?"라고 지혜롭게 대처하며 그를 포용해야 한다. "나는 교회 다니니까…"하는 말 속에 상대방을 정죄하는 분위기가 묻어나면 안된다. 사람을 얻어야 한다. 빈번히 접촉하는 가운데 나의 기독교적 사고가 자연스럽게 전달되도록 해야 한다.

생일에 신앙 서적이나 선물을 주면서 관심을 표현한다. 동시에 격려를 많이 하도록 하라. 집안에 어려움이 있을 때 찾아가 위로해주는 것도 좋다. 계속 그를 위해 기도하다가 적당한 때에 교회에 데려가거나 학교 혹은 직장 신우회에 함께 가도록 하라.

우리의 삶 자체가 전도가 되기도 한다. 이것이 '열린 전도'다. 가정과 학교, 직장에서 그리스도의 제자로서의 삶을 보여주는 것이다. 세상의 방식과는 다른 섬김의 모습을 보여준다. 직장에서 남들이 하기 싫어하는 일을 맡아 한다든지 또는 학교에서 쉬는 시간에 칠판을 지운다거나 중요한 수업을 듣지 못한 친구에게 노트를 보여주는 섬김의 자세로 도전할 수 있다.

이미 우리는 열린 전도를 하고 있다. 학교나 직장에서 우리가 할 일은 항상 기뻐하는 것이다. 항상 기뻐하라. 항상 기뻐하고 있으면 이미 승리한 것이다. 사실 이 나그네 길에서는 기뻐할 일이 별로 없다. 그러나 우리는 그리스도 안에서 항상 기쁘다. 이것이야말로 대단한 영성이다. 항상 기뻐하고 긍정적으로 살면 옆에 있는 사람들이 좋아한다. 우울한 것을 좋아할 사람은 없다. 우리가 기뻐하지 않아야 할 이유는 어디에도 없다. 만일 내가 기뻐하지 않는다면 그것은 나에게 영생이 없다는, 하나님은 더 이상 선한 목자가 아니라는 고백이 되어 버린다.

항상 기뻐하라. 항상 기뻐한다는 것은 저절로 기쁘게 되는 것이 아니라 의도적으로 기뻐하는 것이다. 물론 그리스도인도 우울할 때가 있다. 그러나 우울한 상황에서 기뻐하라는 말씀을 생각하면서 우울하려다가도 기뻐해야 하는 것이다. 간혹 우울한 분위기를 즐기려는 사람들도 있다. 괜히 쳐지는 음악까지 들어가면서 우울한 기분을 즐기려는 감정의 요구를 거절해야 한다. 성령의 능력으로 절제해야 한다. 하나님의 아들, 딸이 되었는데 나그네 길에서 가난하면 좀 어떤가? 기뻐해야 한다. 몸이 아프거나 가정 환경이 어려운가? 하나님이 이렇게 허락하셨음을 받아들이고 기뻐해야 한다. 노처녀, 노총각 역시 기뻐해야 한다. 주께서 아직 배우자를 허락하지 않으셨을 뿐이다. 지금 37세라면 하나님이 40세나 혹 50세에 배우자를 허락하실지 모른다.

항상 기뻐하는 사람은 주목 받는다. 주위 사람이 가까이 하고 싶어한다. 그러다보면 그들에게 접근하여 복음을 전할 기회도 많아진다.

커피숍에 가면 꼭 찻값을 내지 않고 공짜로 얻어먹기를 즐기는 사람들이 있다. 그리스도인은 먼저 찻값을 내야 한다. 지난번에도 냈다는 사실은 잊는 것이 좋다. 이번에 내가 샀더라도 다음 번에 또 사줄 수 있어야 한다. 그러다 보면 70번씩 7번을 내는 경우도 생길 것이다. 거지만 되지 않는다면 계속하라. 또한 진실하게 살면서 시간 약속을 잘 지켜서 신뢰를 얻어라. 이렇듯 손해보며 섬기고 성실하고 진실되게 살면서, "교회 갑시다. 모임에 오세요." 하고 권하면 잘 응할 것이다. 그리고 이런 책을 사주는 것도 좋다.

「예수님의 부활」 (마이클 그린, 생명의말씀사)

「빛이 있는 곳에서」 (미우라 아야꼬, 설우사)

「이래서 믿는다」 (폴 리틀, 생명의말씀사)

「기독교의 기본 진리」 (존 스토트, 생명의말씀사)

「누가 돌을 옮겼는가」 (프랭크 모리슨, 생명의말씀사)

「예수는 역사다」 (리 스트로벨, 두란노)

「차마 신이 없다고 말하기 전에」 (박영덕, IVP)

위의 책들은 불신자에게 많은 도움이 될 것이다.

설령 복음을 전할 때는 받아들이지 않았더라도 그리스도인이 삶으로 기독교를 드러내는데 어쩌겠는가? "친절하지 말라! 기뻐하지 말라!" 협

박하겠는가? 그동안 우울하게 지냈다면 이 순간부터 기뻐하라. 그리스도인은 즐겁지 않을 이유가 없다. 주님이 선한 목자가 되시므로 결코 망하는 일이 없으니 기뻐해야 한다.

3. 전도의 실계

(1) 나는 어떻게 전도했는가?

나는 모태신앙인이다. 대부분의 모태신앙인들처럼 뜨겁지도 차지도 않은 상태에서 세월을 보내다가 하나님의 말할 수 없는 은혜로 대학 2학년 여름 방학때 한국기독학생회(IVF) 수련회에서 변화되었다. 영적으로 자다가 깨어난 나는 복음을 전해야 한다는 깨달음으로 마음이 뜨거웠다. 그러나 마침 중요한 시험을 준비하고 있던 터라 일단 공부를 열심히 해서 합격한 다음 더 좋은 위치에서 복음을 전하는 것도 괜찮겠다 싶은 생각이 들었다. 교회 어른들이나 여전도회 회장이었던 어머니도 먼저 시험 공부를 하는 것이 좋겠다고 조언해 주셨다. 그런데 한 분, IVF의 송인규 간사님(현재 합동신학원 교수)이 반대를 하셨다. 그분은 나에게 지금 복음을 전하지 않고 공부만 하는 것이 하나님의 뜻인지 알아보았느냐고 물으셨다.

"그런 것을 하나님께 물어보아야 합니까? 머리가 되고 꼬리가 되지 말라고 했는데 제가 시험에 합격해서 전도하면 더 좋은 것 아닙니까?" 라고 대답하면서도 내 마음은 편치가 않았다. 그래서 교회로 뛰어갔고 밤새 철야 기도를 했다.

"하나님! 확신이 없어서 너무 답답한데 저에게 음성을 들려주십시오. 당장 복음을 전해야 합니까? 아니면 제가 먼저 공부를 하는 것이 좋겠습니까? 답답하니 음성을 들려주십시오."

서너 시간을 기도해도 아무런 음성이 들리지 않았다. 그러다가 졸음이 쏟아져서, "밤에 천사가 나타나서 저에게 하나님의 뜻을 보여주길 바랍니다."하고 기도하고 잠을 잤는데 밤새 개꿈만 꾸다가 학교에 갔다. 심히 곤고했다.

다음날도 혼자 예배당에 들어가 기도했다.

"주님, 너무 답답합니다. 지금 복음을 전해야 합니까, 아니면 무엇인가 이룬 다음에 해야 합니까? 음성을 들려주십시오."

그러나 하나님의 음성은 어디에서도 들려오지 않았다. 계속 교회에서 철야를 할 수도 없는지라 매일 집에서 기도하고 주일예배 후에 기도하는 식으로 한 달 가까이 하나님의 뜻 구하기를 쉬지 않았다. 그러던 어느 주일 저녁, 예배가 끝나고 기도를 하던 중에 자연스럽게 이런 생각이 떠올랐다.

'성경이 누구의 말씀인가?'

스스로 대답했다.

'하나님의 말씀입니다.'

'하나님의 말씀을 왜 꼭 음성으로만 들으려고 하는가? 글자로 보면 안 되는가?'

그 순간 '아, 하나님의 뜻은 성경을 보면 알게 되는 것이구나.'라는 깨달음이 왔다. 너무나 당연한 사실을 그때 처음 깨달은 것이다. 모태신앙인이었으니까!!

성경에서 때를 얻든지 못 얻든지 복음을 전파하라는 말씀딤후 4:2을 통해 전도는 지금 하는 것이지 미래의 어느 때에 하는 것이 아님을 깨닫게 되었다. 그래서 당장 복음을 전해야겠다고 결정하고 내 생애 처음으로 복음 전하는 삶을 시작했다. 계획한 공부는 공부대로 하면서 시간만 나면 전도를 하기 시작했다.

(2) 전도의 어려움을 어떻게 극복했는가?

처음 전도하러 나갔을 때의 일이다. 한번은 캠퍼스 풀밭에 어떤 대학생이 혼자 멍하니 앉아 있었다. 그에게 복음을 전해야겠다고 생각하고 먼저 그 사람으로부터 5~10미터쯤 떨어진 곳에서 기도했다.

"하나님, 제가 드디어 복음을 소개합니다. 20여 년 동안 복음을 전하지 못했지만 제 생애 처음으로 복음을 전합니다. 저 사람이 만일 주님을 알지 못하면 지옥에 갈 텐데 제가 어떻게 가만히 있을 수 있겠습니까? 그런데 왜 이렇게 떨리는지 모르겠습니다. 주여 도와주십시오. 성령 충만하게 해주십시오. 담대하게 해주십시오. 예수님의 이름으로 기도드립니다. 아멘."

기도를 마치고 그 사람을 향해 몇 발자국 걸어가는데 갑자기 그가 나를 힐끗 쳐다보았다. 순간 움찔했다. 마치 역적모의 하다가 들킨 기분이었다. 얼른 도망치고 싶었지만 갑자기 획 돌아서서 올 수도 없는 노릇이니 어쩌겠는가? 마치 저 너머에 볼일이 있는 것처럼 그 형제 앞을 지나갈 수 밖에 없었다. '도대체 나는 어디를 향해 가고 있는가?' 나조차도 알 수 없었다. 첫 시도는 여지없는 실패였다.

집에 돌아가자 바로 무릎을 꿇었다.

'하나님! 제가 왜 복음을 전하지 못합니까? 왜 이렇게 담대하지 못합니까? 왜 복음을 부끄러워합니까? 주님, 도와주십시오. 복음을 전하려고 하니 입을 열어 주옵소서.'

다음날 공강 시간에 다시 전도하러 나갔다. 한 사람이 스탠드에 가만히 앉아 있었다. 마침 그 옆에 나무가 있어서 그 근처로 가 나무를 쳐다보는 척하면서 기도했다.

"하나님 제가 복음을 전합니다. 어제는 실패했는데 오늘은 담대하게 복음을 전할 수 있게 해주십시오. 저 형제를 구원할 수 있게 해주십시오. 떨리지 않도록 도와주십시오. 믿습니다. 아멘."

기도한 후 그 사람 옆으로 발걸음을 옮겼는데 어제와 마찬가지로 그 사람이 나를 힐끗 바라보는 것이었다. 다시 한 번 나는 움찔했고 어제와 다름없이 그 형제 앞을 그냥 지나치고 말았다. 실패의 연속이었다.

그날 버스를 타고 집으로 돌아오는 차 안에서 머리빗 장사꾼을 보았다(그 당시에는 버스에서 물건을 파는 사람이 많았다). 그는 빗을 팔기 위해 부끄러워하지 않고 스스럼없이 여러 가지 설명을 했다. 그전에는 버스에 올라와 장사하는 사람을 그저 시끄럽게 하는 사람으로만 생각했는데 그날은 그렇지가 않았다. 그 사람이 존경스럽기까지 했다. 그날따라 그

"앗, 어떡하지? 쳐다본다.
날 이상한 사람이라 생각하는 건 아닐까?"

모습이 얼마나 부러웠는지 모른다.

'저 사람은 먹고 살기 위해 부끄러움을 무릅쓰고 저렇게까지 노력하는데, 나는 왜 이 생명의 복음을 전하지 못합니까?'

그날 울면서 나는 하나님께 매달렸다. 그리고 내가 알고 있는 그리스도인 형제, 자매들에게 기도해 달라고 전화하기 시작했다.

'알고 보니 나는 영적 벙어리다. 오랫동안 신앙생활을 했고 대학부에서 임원도 했지만 지금의 내 모습은 어떠한가?'

이 문제를 안고 보름 정도 투쟁한 끝에 비로소 풀밭에 앉아 있는 한 형제에게 드디어 복음을 소개할 수 있었다. 그때 속이 얼마나 후련했는지 모른다. 한 번 입을 연 다음부터는 전도하기가 쉬워졌다. 그때 결심했다.

'전에는 시간나면 술 마시고 포커치며 시간을 낭비했지만 이제는 전공 공부를 열심히 하면서 전도도 함께 해야겠다.'

한번은 이런 일도 있었다. 어떤 형제를 만났는데 주어진 시간이 너무 짧아 전도를 할 수가 없었다. 다음날 꼭 할 이야기가 있다면서 다시 만나자고 했더니 다행히 그 형제가 약속대로 나와 주었다. 그런데 그만 난처한 상황에 처했다. 그를 학생회관으로 데려가고 있는데 정작 가서는 무슨 이야기를 해야 할지 생각이 나지 않았다. 전날 미리 준비했어야 했는데 미처 거기까지 생각이 미치지 못했다.

'이 형제에게 무엇을 이야기해야 하나?'

참으로 난감한 심경으로 무작정 성경을 폈는데 마침 요한복음 3장의

니고데모 이야기였다. 니고데모 이야기가 어디에 있는지도 몰랐던 나를 하나님이 도와주신 것 같았다. 어쨌든 니고데모가 예수님을 만난 이야기를 하긴 했는데 무슨 이야기를 어떻게 했는지 나 자신도 모를 정도로 곤혹스런 순간이었다. 그런데 내 이야기를 다 듣고 난 그 형제가 믿겠다는 것이었다. 그 순간 나는 너무 당황하고 말았다. "응, 뭐라고? 믿겠다고!"

아무튼 그 다음부터 열심히 다니면서 전도했다. 공부와 복음 전하는 일에 전념하다 보니 그때까지 즐기던 취미 생활(?)은 자연스럽게 멀어지게 되었다. 캠퍼스에서건, 버스에서건 어디서든지 사람만 만나면 복음을 전했다. 매일 사람들을 만나다보니 만날 사람은 너무 많고 전공 공부할 시간은 늘 모자랐다. 그때 비로소 전도하면서 연결된 사람들을 함께 모아 성경공부모임을 만들어야겠다는 생각을 하게 되었다. 성경공부 모임을 만들어 하나님이 어떤 분이신지, 죄는 무엇이며, 예수님이 무슨 일을 하셨는지, 어떻게 예수님을 영접할 수 있는지 가르쳤다.

3학년 2학기 때 친구 중에 불신자 한 명이 나를 찾아왔다.

"너는 하나님이 있다는 것을 믿니?"

자기는 무신론자인데, 지난 여름에 놀러갔다가 물에 빠져 죽을 뻔 했는데 겨우 살아나게 되었단다. 한 번 죽음의 그림자를 쐬니까 너무 고독해서 죽음의 문제를 심각하게 생각하게 된 듯 했다. 모임에 나오라고 해서 내가 전도한 다른 사람들과 함께 성경공부를 시작하였다. 종강할 때쯤 그 친구는 자기도 신이 있는 것은 믿겠는데 왜 그 신이 꼭 하나님이냐고 질문했다. 그가 기독교에 가까이 접근했음을 알 수 있었다. 하지만 종강하여 방학이 되니 더 이상 도울 수가 없어 안타까왔다. 그래서 이 문제를 놓고 기도했다.

그때 마침 한국기독학생회(IVF) 수련회가 12월 말경에 있어 수련회에 참석해 보라고 권했다. 그러나 여러 번 만나 권유해도 계속 그때마다 그는 가지 않겠다고 버텼다. 마침내 수련회를 이틀 앞두고 마지막 기회라 생각하며 간절한 마음으로 그 친구를 설득했다.

"만일 네가 5일되는 수련회 기간 중에 하나님을 발견하지 못한다면 50년 동안 네 멋대로 살아라. 앞으로 나도 너에게 다시는 복음을 전하지 않겠다. 그러나 이 수련회에 참석하면 너는 꼭 하나님을 만나게 될 것이다."

내가 너무나 확신있게 말하니까 드디어 그가 수락했다. 우여곡절 끝에 같은 과 복학생 형들까지 권유해 수련회에 함께 갈 수 있었다.

수련회 첫날 이들의 얼굴엔 불만이 가득했다.
'그래, 네가 말하던 천국 생활이 바로 이런 것이냐?'
지금과 달리 당시 수련회 장소는 환경이 열악한데다 첫날이라 난방도 잘 안되어 춥고 식사준비마저 늦어졌다. 가뜩이나 분위기도 낯설고 어색한데 이것저것 불편한 것 투성이라 혹시 하루, 이틀 버티다 집으로 돌아갈까 봐 얼마나 애태웠는지 모른다. 그저 하나님께 눈물로 간구하기만 했다. 수련회가 시작된 지 4일째 되던 날 아침이었다. 수련회장에서 지나가다가 그 친구를 만나게 되었는데 불만에 찼던 그의 얼굴이 환해져 있는 것이 아닌가! 그 순간 직감적으로 그가 주님께 돌아왔음을 알 수 있었다. 아니나다를까 그 친구가 나를 붙들고 방으로 데려가더니, "영덕아, 고맙다."고 말하면서 막 우는 것이 아닌가! 생애 처음으로 그가 예수 그리스도를 영접한 것이다. 나도 같이 울 수밖에 없었다. 얼마나 감사한 일인가! 더군다나 함께간 복학생 형들도 결국 다 교회에 다니게 되었다.

수련회가 끝나고 얼마 지나지 않아 그 친구를 만났는데 목소리가 이상했다. 그 이유를 물어보니 집안 식구들을 전도하느라고 목이 쉬었다는 것이다. 그후 그 친구도 복음 전하는 일에 열심을 내었다. 사실 복음을 제대로 믿으면 예수님을 전하게 되어있다. 그로부터 6개월 뒤 그 친구의 여동생이 믿게 되었고 그 집안 전체가 주님께 돌아왔다. 3학년 2학기 때부터 믿기 시작한 그 여동생은 졸업할 때까지 자기 학과 학생의 절반 이상을 변화시켰다.

나는 계속 모임을 만들면서 사람들을 수없이 만났다. 그때마다 자주 접하게 되는 질문들을 뽑아보면 대충 16, 17가지 정도 되는데, 전도용 책자인 「차마 신이 없다고 말하기 전에」(IVP)에 자세히 실려 있다.

- 예정되었다면 교회에 나가지 않아도 구원받을 것이 아닌가?
- 하나님이 계시다면 왜 나쁜 사람들을 그대로 두시는가?
- 하나님은 사랑이신데 왜 소돔과 고모라 사람을 태워 죽였는가?
- 진화론에 대한 문제
- 교회 나가는 악한 사람과 교회 나가지 않는 선한 사람 중 누가 구

원을 받겠는가?
- 모든 종교는 동일한 것이 아닌가?
- 인간이 약해서 신을 만들었다
- 한 집안에 두 종교가 있으면 나쁘다
- 신은 있는데 누구인지 어떻게 알 수 있는가?
- 그리스도인의 생활이 좋지 않다 – 그런 말만 들으면 나는 무조건 미안하다고 한다.
- 지금은 죄가 너무 많아서 교회에 못나가겠다
- 술 담배는 못 끊겠다
- 선악과는 왜 만들었나? – 이 질문을 안 하면 불신자가 아니다. 반드시 이런 것을 물어본다.
- 우리나라에 복음이 들어오기 전의 이순신 장군이나 강감찬 장군은 어떻게 되었는가?
- 성경은 하나님의 말씀인가?

불신자들은 위와 같은 질문들에 갇혀 있다. 그래서 이 질문에 잘 대답해야 한다. 나는 이런 질문을 받으면서 그들에게 대답하기 위해 책을 읽기 시작했다. '어떻게 대답할까?' 늘 고민하였다. 알고 보니 이런 문제에 대한 답변이 이미 책에 다 나와 있었다. 앞에서 말한 「도피하는 현대인」, 「예수님의 부활」, 「기독교의 기본진리」, 「내가 믿는 기독교」, 「생애 최대의 결단」, 「이래서 믿는다」라는 책을 보게 되었는데 책의 내용이 머리에 쏙쏙 들어왔다. 너무나 궁금한 문제였기 때문이었다.

또한 나는 자기 전에 머리맡에 종이와 연필을 놓고 '그 형제가 궁금해 하는 것을 어떻게 하면 쉽게 답할 수 있을까?' 생각하면서 쉬운 예를 궁리하다가 좋은 답이 떠오르면 적고, 다시 누워서 생각하다가 또 적었다. 아침에 일어나 보면 내가 보아도 참 쉽고 적절한 예라는 생각이 들었다. 그런 식으로 계속 연구를 하다 보니 점점 불신자들의 질문에 쉽게 대답할 수 있게 되었다. 그 후에는 불신자들이 어떤 질문을 해도 대개 이미 연구해 놓은 것이라 재미도 있고 마음의 여유도 생겼다.

4. 전도시 유의할 점

(1) 옷과 표정에 신경쓰라

복음을 전하러 나갈 때에는 옷에도 신경을 써야 한다. 처음에 나는 점잖게 정장을 하고 나갔는데 사람들이 약간 어려워하는 것 같아서 그 당시 유행하는 스타일로 입고 나갔다.

'복음을 전할 때 나의 얼굴 표정은 어떠한가' 손거울을 보면서 연습했다. 그리스도의 십자가를 전할 때 거울에 비친 내 표정이 너무 심각했다. 그 다음부터는 불신자를 만나 십자가의 죽음을 전할 때에도 부드러운 표정으로 이야기할 수 있었다.

(2) 대화의 주도권을 잡으라

한번은 어떤 사람을 만나 질문을 던졌다.

"신의 존재를 믿습니까?"

"나는 무신론자로서 … ."

한참 혼자 이야기하더니 약속이 있다면서 가버렸다.

순간 나는 회의에 빠졌다.

'이건 전도가 아닌데… 평소에 정리되지 않은 저 사람 자신의 생각을 정리해 주는데 내가 일익을 담당한 격이네.'

그때부터 내가 대화의 주도권을 잡아야겠다고 생각했다. 일단 총을 쏘아야 맞든지, 안 맞든지 할것이 아닌가? 그 다음부터는 대화의 주도권을 잡고 복음으로 연결하려고 노력했다.

'어떻게 하면 중간에 흥이 난 그 사람의 이야기를 끊고 자연스럽게 복음을 소개할 수 있을까?' 고민하다가 좋은 기회를 포착했다. 그 사람이 숨을 쉬려고 잠깐 이야기를 중단할 때, 그 틈을 이용하여 빨리 내가 말을 하는 것이다. 참으로 위대한 발견이었다.

(3) 낙심치 말라

한번은 풀밭에 3명의 남자가 앉아 있었다. 나는 그들에게 복음을 전하기 위해 다가갔다.

"진리에 대해 이야기하길 원합니다."

나는 그들 곁에 자리를 잡고 앉았다. 물리학과 4학년 학생들로 심령과학을 연구하던 사람들이었다. 내가 복음을 전하면 그들은 심령과학에 대한 이야기를 하였다. 그리스도의 십자가에 대해 설명해 주자 한 사람이 말했다.

"인도의 어떤 사람은 눈을 감고 생각을 집중하면 숟가락을 그냥 휘어지게 할 수 있소."

나는 말했다.

"생각을 집중해서 휘게 하거나 망치로 두드려서 휘게 하거나 그것이 당신의 영혼과 무슨 상관이 있습니까?"

그러자 또 다른 사람이 말했다.

"그 사람은 눈을 감고 생각을 집중하면 비탈길로 내려가는 돌을 산 위로 거슬러 올라가게 할 수 있소."

내가 대답했다.

"아니, 정신을 집중해서 그 돌을 올라가게 하거나 옆구리에 끼고 올라가게 하거나 돌이 올라가는 것이 당신의 영혼과 무슨 상관이 있습니까?"

이런 식으로 장장 2~3시간 동안 토론을 하다가 나중에는 서로 노려보는 살벌한 분위기를 연출했다. 하마터면 거의 맞아죽을 뻔한 상황이었다. 대화가 끝날 즈음에 그들은 나를 경멸하면서 "딴 데 가보슈!" 하는 것이었다.

얼마나 기분이 나빴는지 모른다.

'난 지금 자기들을 위해서 없는 시간을 내서 말해주는 중인데…. 사실 병원에 가서 명의를 만나려면 몇 시간씩 줄서서 기다려야 되지 않는가? 나야말로 영혼의 의사인데….'

그래서 혼자 씩씩거리며 결심했다.

'다시는 저런 놈들에게 전도하지 않겠다. 그래, 좋다. 다 지옥 가라.

내가 무엇 때문에 이런 고생을 하는가!'

너무 마음이 힘들어서 거의 열흘 동안 복음을 전하지 않았다. 그러다가 "우리가 선을 행하되 낙심하지 말지니 피곤하지 아니하면 때가 이르매 거두리라"갈 6:9는 말씀을 보게 되었다. 이 말씀을 읽고 그동안 내가 낙심하고 있었음을 깨닫고 회개했다. 그 후 다시 많은 사람들에게 계속해서 복음을 전할 수 있었다.

전도는 사탄이 아주 싫어하는 것이기 때문에 낙심이 되는 상황을 많이 만난다. 갈등도 많이 생기게 된다. 그러나 이것을 통해서 신앙은 점점 자라난다.

5. 전도를 통해얻은 교훈

(1) 그리스도인들이 자고 있다

전도를 하면서 깨달은 점 중 하나는, 그리스도인들이 자고 있다는 사실이다. 불신자들에게 관심이 없다.

이전에 허드슨 테일러가 했던 말이 생각난다. "오늘날 수많은 사람들이 주님을 알지 못하고 멸망당하고 있는 이때에 많은 그리스도인들이 자신들의 요람 속에서만 안전하게 파묻혀 그것을 기뻐하는 모습을 나는 참을 수 없다." 그리고 그는 중국 내지에 복음을 전하러 들어갔다.

한번은 버스에서 옆에 있는 형제에게 전도를 했다. 그 형제는 약간 술에 취해 있는 상태였다. 그런데 막상 전도해 보니 그 형제는 당시 큰 교회의 대학부 회장이었다.

"전도 받기는 처음인데요. 제가 지금은 술에 취해서 정신이 없으니까 내일 만나지요."

그때 나는 캠퍼스에서 함께 일할 동역자를 위해 기도하고 있었기 때문에 그 형제와의 만남을 기대하면서 그날 밤 열심히 기도했다.

다음날 그 형제는 혼자 나온 것이 아니라 자매 한 명을 데리고 함께 나왔다.

'한 명도 귀한데 두 명씩이나!' 흥분해서 2시간 동안 열심히 전도의 중요성에 대해 설명했다.

"다 듣고 보니 참 훌륭한 일을 하시는데, 우리는 바빠서 좀 힘들겠어요."

그렇게 말하고는 그냥 가버렸다. 맥이 빠졌다. 한편 오기도 생겼다.

"그래, 이럴수록 나 혼자라도 주님께 끝까지 충성하겠다."

그후 나는 오히려 갓 믿은 사람, 혹은 믿은 지 2~3주 된 사람들을 동역자로 삼고 캠퍼스 복음화를 위해 함께 기도하기 시작했다.

캠퍼스 복음화를 위해 활동하면서, 우리나라에 처음 복음이 들어왔을 때에는 그렇지 않았는데 시간이 지나고 기독교가 확산되면서 어느새 그리스도인들이 잠을 자고 있다는 사실을 절감했다.

(2) 큰 영적 싸움이 있다

나는 전도를 통해 현재 큰 싸움이 벌어지고 있다는 것을 알았다. 사탄의 큰 세력이 얼마나 강하게 역사하는지 비로소 깨달았다. 우리 기독교에서는 제대로 전도하지 않는데 많은 이단들은 열심히 전도하고 있고, 고등학교 때 열심히 신앙생활을 하던 그리스도인들은 대학에 들어와서 3~6개월 이내에 오히려 신앙을 버린다. 그리스도인이 20%라는 통계가 있지만 캠퍼스를 다니다 보면 실제 그리스도인은 5퍼센트도 되지 않는 것 같다. 노방전도를 해보면 그리스도인을 만나기가 쉽지 않다. 간혹 만나도 고등학교 때까지만 신앙생활을 했다는 사람들이 대부분이다.

최근에는 기독교의 성장이 이루어지지 않을 뿐만 아니라 오히려 그리스도인이 줄고 있는 추세다. 젊은 층과 주일학교 학생들이 급격히 감소하고 있다. 너무나 안타까운 상황이며 기독교 전체의 위기라 할 수 있다. 사탄이 하는 일은 무엇인가? 사탄이 우리에게 요구하는 바는, '네가 그리스도인인가? 그러면 네 일이나 조용히 하면서 캠퍼스나 직장을 왔다갔다 할 일이지 공연히 내 자녀들을 건드리지 말라.'는 것이다. 사탄은 믿지 않는 자에게 복음이 전달되지 못하도록 온갖 노력을 다한다. 복음은 너무나 위력적이어서 일단 복음을 듣게 되면 반드시 열매 맺게 되어 있다. 바로 그런 점 때문에 어떻게 해서든지 성도가 복음을 전하지 못하도록 사탄은 최선을 다하고 있다.

(3) 소개할 교회가 부족하다

지금은 교회마다 불신자를 위한 성경공부와 여러 대안이 마련되어 있지만 그때만 해도 막상 전도하고 나면 소개할 교회가 마땅치 않았다. 예전에도 교회는 많았지만 불신자에게 복음을 정기적으로 들려주고 그들이 자라도록 관심을 갖는 교회는 의외로 많지 않았기 때문이다. 그래서 나는 내가 전도한 사람들을 위해 적절한 교회를 찾아다녔다. 그러던 중 다행히 복음을 잘 소개해 주는 교회를 발견했는데, 당시 이동원 목사님(현재 지구촌교회 담임)이 계시던 서울침례교회였다. 나는 많은 사람을 그 교회로 인도했고, 그들은 변화되어 구원받고 신앙생활을 잘 하게 되었다.

(4) 기도가 중요하다

전도는 어디까지나 영적인 문제이다. '누구든지 성령으로 아니하고는 예수님을 주라 시인할 수 없으며'고전 12:3, 지금도 이 세상 신이 불신자를 혼미케 해놓았음고후 4:4을 기억해야 한다. 그러므로 내 능력이 아닌 전능하신 하나님을 의지해야 한다.

(5) 성경을 이해하고 말씀으로 위로받는다

전도하면서 바울 서신의 말씀을 읽을 때 이전과 달리 너무 많은 위로와 힘을 얻었다. 복음 때문에 많은 어려움을 겪었던 바울을 생각하며 동병상련의 심정으로 많이 울기도 했다. 이렇게 세상에서 싸우다가 수련회에 가면 불신자는 없고 믿는 형제, 자매들과 함께 할 수 있어서 너무나 편했다. 거기서는 핍박 당할 일이 없고 조롱과 비웃음, 무시를 받지 않아도 되기 때문이었다.

당시 자주 불렀던 찬송이 하나 있었는데 이 찬송가를 부를 때마다 눈물을 많이 흘리곤 했다.

저 멀리 뵈는 나의 시온성, 오 거룩한 곳 아버지집

내 사모하는 집에 가고자 한밤을 새웠네

저 망망한 바다 위에 이 몸이 상할지라도

오늘은 이곳 내일은 저곳 주 복음 전하리

아득한 나의 갈 길 다가고 저 동산에서 편히 쉴 때

내 고생하는 모든 일들을 주께서 아시리

빈들이나 사막에서 이 몸이 곤할지라도

오 내 주 예수 날 사랑하사 날 지켜주시리

다른 사람들처럼 화음을 넣어가며 아름답게 부르는 것도 아니고 그저 멜로디만 따라 부르는데도 '내 고생하던 모든 일들을 주께서 아시리라'는 생각에 눈물이 줄줄 쏟아졌다. 이전에 모태신앙으로 지낼 때에는 느낄 수 없었던 감정이었다. 그러나 전도를 하면서부터 비로소 내 길에 들어서서 내 할 일을 제대로 하고 있다는 생각이 들었다.

(6) 주님의 동행을 체험한다

복음을 전하면서 정리해야 할 내면의 문제들이 하나 둘 해결되었다. 쓸데없는 교만과 욕심들을 내려놓게 되었다. 매일 불신자를 만나니까 자연스럽게 기도하지 않을 수 없었다. 20년 동안 고여 있던 물이 흐르는 것을 체험했고, 강해지고 변화되는 나 자신을 발견했다. 새로운 통찰력도 생겼다.

나는 이제 주님의 편이라는 생각이 들면서 의의 도구로 사용되고 있음을 강하게 느꼈다. 하나님은 내 곁에 너무 가까이 계셨다. 하나님의 임재의식이 얼마나 강하게 느껴지는지, 어느 날에는 새벽예배가 끝난 후 찬양을 하다가 갑자기 하나님이 나와 함께하시는 느낌을 주체할 길 없어 주저앉아서 엉엉 운 적도 있었다. 하나님이 나와 동행하심을 날마다 체험하는 삶이었다.

6. 전도의 지속성

복음을 전한다는 것은 핍박을 당하고 멸시를 받는 것이다. 내가 신사처럼 보이면서 복음을 전할 수 있다고 생각하는가? 그것은 어리석고 무모한 생각이다. 우리가 전하려는 복음은 그들의 가치관에 맞지 않기 때문에 멸시를 당하는 것이 정상이다. 때론 우리의 목숨까지 내놓아야 할지도 모른다. 나는 복음을 전하다가 열정이 식으면 사우나실에 들어가 일부러 안 나가고 오래 버틴다.

'만약 저 앞에 셔터 문이 내려져서 나갈 수 없다면 나는 어떻게 될까?'

답답해서 나가고 싶은데 못 나간다고 생각하면 얼마나 끔찍한가? 이럴 때 부분적으로나마 지옥을 경험해본다. 또 참고 참다가 나왔을 때의 시원함과 자유함을 느껴보기도 한다.

전도할 때 나의 체면을 생각하기보다는, 내가 만나는 그 사람이 비록 겉으로는 태연한 척 하지만 실은 구원받지 못할 불쌍한 자라는 걸 먼저 생각한다. 다른 이유는 없다! 나는 한 영혼이라도 더 구원해야겠다는 생각으로, 그들이 졸업하고 직장에 들어가면 더 바쁘기 때문에 그때가 마지막 기회라는 생각으로 그들을 붙잡았다.

늘 그런 마음으로 복음을 전했다. 동일한 마음으로 서울에 있다가 대구에 내려가서 IVF 운동을 개척했고 부산에 가서도 여러 대학을 돌아다녔다. 수위 아저씨에게 쫓겨나 보기도 하고 오해를 받기도 했다. 그러면서도 나의 마음 속에는 늘 하나님이 나와 함께하신다는 기쁨과 평안이 있었다.

사탄의 메시지는 무엇인가?

"여러분 그리스도인이시여! 제발 조용히 지내십시오. 아니면 교회 내에서만 활개를 치십시오. 몸담고 있는 직장이나 학교에서는 영향력을 미치지 마십시오."

이것이 사탄이 주는 메시지임을 기억하라. 성도들이여, 세상 사람들은 모두 암에 걸려 죽어가고 있고 우리는 그 암을 치료할 특효약을 갖고 있다는 사실을 잊지 말고 부지런히 이 귀한 복음을 전파하자.

성도의 교제

> "저도 물론 교회는 잘 다닙니다.
> 다만 성도들과 사귀지 않을 뿐이지요. 혼자서도 잘해요"
> 3년이 지난 후, 이 성도를 교회에서 본 사람은 아무도 없었다.

1. 교제란 무엇인가?

그리스도인들이 보통 교제하자고 할 때의 '교제'란 무엇을 의미하는가? 초대교회의 교제를 보면, 사도들의 가르침을 듣고 떡을 떼며 기도하고 항상 마음을 같이 하여 성전에 모이고 기쁨과 순전한 마음으로 음식을 먹고 하나님을 찬미하였다. 즉 하나님을 모시고 성도들과 함께 말씀과 삶을 나누는 것이 교제다.

그리스도인의 교제를 신체에 비유하자면 피에 해당한다. 피가 제대로 순환하지 못하면 몸이 건강할 수 없듯이 그리스도인의 교제가 메마르면 그 공동체는 정상적인 공동체가 될 수 없다.

교제라고 하면 얼핏 인간적인 교제가 떠오르지만, 그리스도인의 교제에는 두 가지 차원, 수직적 교제와 수평적 교제가 있다.

우선 수직적 차원에서의 교제는 "우리의 사귐은 아버지와 그 아들 예수 그리스도와 함께 함이라"요일 1:3라는 말씀처럼 하나님과의 교제를 의미한다. 하나님과의 교제가 없으면 아무리 그가 청결하고 윤리적인 삶을 살지라도 그를 그리스도인이라고 할 수 없다. 하나님과 우리의 관계는 서로 교제를 나누는 관계다. 우리는 그분께 우리의 마음을 내려놓는다. 자기를 부인하고 그분께 마음을 모으며, 근심과 걱정, 모든 무거운 짐과 어려운 문제를 그분께 내어놓는 것이다. 자신의 나약성에 실망하지 않고 꿋꿋이 그분을 의지한다. 또 기도하면서 하나님이 함께하신다는 임재 의식, 우리 죄를 용서하시며 우리를 사랑하신다는 메시지, 마음의 평안 등을 체험하면서 하나님과 교제하는 것이다.

하나님과의 교제는 이미 2장에서 다루었고, 여기에서는 수평적 차원인 성도 간의 교제를 살펴보고자 한다.

하나님과의 교제 내용을 수평적 차원에서 다른 사람과 함께 나누는것이 성도의 교제다. 그리스도인은 자신이 깨달은 점을 서로 나누면서 함께 자라간다. 따라서 다른 형제나 자매를 만났을 때 그가 하나님과의 관계에서 갖고 있는 경건의 비밀이 무엇인지 배우려고 노력할 뿐 아니라 내가 깨달은 것을 나눠주려는 자세도 필요하다. 이것이 성경에서 말하는 진정한 교제다. 이러한 교제는 그리스도인의 신앙 성숙을 돕는다.

그러므로 믿는 자에게 교회 공동체는 절대적으로 중요하다. 우리는 지역 교회에서 정기적으로 하나님께 예배드리고 형제, 자매들과 깊은 사귐을 가지면서 함께 자라간다.

2. 왜 교제해야 하는가?

(1) 우리는 부족하기 때문이다.

우리는 혼자 설 수 없다. 성경적 의미에서 우리는 함께 지어져가고 있다 엡 2:22. 공동체적 교제가 없으면 우리의 신앙은 멈추게 된다. 나 혼자서도 신앙생활을 잘 할 수 있다는 생각은 아주 위험하다.

이 수직적인 차원과 수평적인 차원의 교제는 모두에게 반드시 필요하다. 수련회나 부흥회에 갔다 오면 일시적으로 마음이 뜨거워졌다가 어느 순간 마음이 식어 버린다. 왜 그런가? 우리의 연약성 때문이다. 하나님은 그런 연약한 자들을 사회에 내보내면서 비장의 카드를 준비하셨다. 그것이 기독교 공동체다. 혼자서는 약한 존재일 수 밖에 없음을 아시기에 함께 설 수 있는 공동체를 허락하셨다. 우리는 자신의 신앙 성숙을 위해 스스로 부단히 노력해야 하지만 동시에 주위 사람으로부터 도움을 받아야 한다.

(2) 우리는 주위 환경의 영향을 받는 사람들이기 때문이다.

교회생활 열심히 하고 활동도 많이 하는데 이상하게 신앙이 자라지 않는 사람이 있는가? 일 년 전이나 지금이나 변화도 없고 성숙하지 않은 성도는 보통 주위에 불신자 친구나 세속적인 교인이 많은 사람이다. 자신도 알지 못하는 사이에 그들의 영향을 받고 있다고 볼 수 있다. 삼총사니, 단짝이니 다 좋은데 그 구성원들이 신앙이 전혀 없는 사람이라면, 혹 신앙이 있어도 세속적 그리스도인이라면 그들과 계속 어울리는 것에 대해 깊이 생각해 보아야 한다.

우리에게는 환경이 대단히 중요하다. 신앙 생활에서 환경을 무시하면 안된다. 어떤 친구를 자주 만나는지, 주변인들은 누구인지 점검해 보아야 한다. 이는 대단히 중요한 일이다.

> 너는 청년의 정욕을 피하고 주를 깨끗한 마음으로 부르는 자들과 함께 의와 믿음과 사랑과 화평을 따르라 _딤후 2:22_

어디를 가든지 항상 신앙의 공동체가 있어야 한다. 우리가 물고기라면 공동체는 물이다. 그리스도인 개개인에게 공동체, 특별히 수평적 차원에서의 공동체는 필수적이다. 철이 철을 날카롭게 하는 것같이 사람이 그 친구의 얼굴을 빛나게 한다_잠 27:17_. 우리는 좋은 교회 공동체에 속해 있어야 한다. 무교회주의자들은 신앙이 자랄 수가 없다. 청년 시절에 청년부에 들어가서 성경공부하는 것이야말로 청년들이 사는 길이다. 만일 내가 청년부에 속해 있다면 그 청년부 회원들은 하나님이 나를 위해서 특별히 보내신 가정교사들이다. 우리는 서로가 서로에게 필요하고 귀한 자다. 공동체 안에서 함께 자라고 성장한다.

어린아이가 부모와 형제의 도움 없이 혼자서 자란다면 어떻겠는가? 물론 역경을 거쳐 온전한 인격으로 훈련되기도 하지만 어쨌든 혼자 살아가는 것은 힘든 일이다. 어린 아이들은 안정된 가정에서 자라야 한다. 마찬가지로 나 혼자 신앙생활 하겠다는 자세는 결코 바람직하지 않다. 공동체로 함께하는 것이야말로 우리가 사는 길임을 바울 사도도 강조하고 있다. 그는 로마에 있는 어린 신자들에게 편지를 보내면서 "피차 안위함을 얻으려 한다"롬 1:12고 말씀한다. "너희들을 인하여 내가 격려받기를 원한다"는 말씀이다. 위대한 사도 바울에게도 공동체가 필요했다. 실제로도 바울에게는 항상 그런 공동체가 있어서 그도 동역자들과 늘 함께 다녔다. 서로가 서로를 날카롭게 해주고 빛나게 해준 것이다.

그리스도인은 좋은 사람을 사귀어야 한다. 학교를 졸업하고 직장에 가서 가장 먼저 해야 할 일은 무엇일까? 그리스도인을 만나 관계를 잇는 일이다. 함께 차를 마시면서 그리스도인 공동체를 형성하는 것이다. 신우회가 있다면 마땅히 신우회에 참석해야 한다. 우리는 어쩔 수 없이 서로 도와주고 서로 세워주어야 한다.

(3) 말씀에 대한 순종 때문이다

성경에서 서로 돌아보고 용납하며 사랑하라고 했다. 예배가 끝나자마자 부리나케 집으로 돌아가 버리면 어떻게 서로를 돌아볼 수 있겠는가? 우리 그리스도인은 공동체에 속해 있어야 한다.

그러면 어떻게 용납하고 돌아보아야 하는가? 공동체에는 항상 의견의 대립이 존재하며 나와 마음이 맞지 않는 사람도 있기 마련이다. 그런 사람을 어떻게 받아들일 수 있는가? "저 사람은 내가 제일 싫어하는 스타일이야."라고 말하며 거리를 두고 싶겠지만, 바로 그런 사람이 가까이 있을 때 우리는 성장할 수 있다. 내 마음에 맞는 사람들만 모여 있으면 언제 사랑의 역량을 키울 수 있겠는가? 어쩌면 그렇게 처음부터 끝까지 마음에 안 드는지, '어휴, 저 원수를 어떻게 대하나?' 하는 막막한 마음에 기도할 수밖에 없고, 결국 '주여 나에게는 사랑이 없습니다.' 라고 고백하게 된다. 자연히 나 자신이 성령충만하기를 기도하게 된다.

"너희를 핍박하는 자를 축복하라 축복하고 저주하지 말라" 롬 12:14는 말씀에 어떻게 순종할 수 있는가? '나의 원수인데 그를 저주하지 말고 축복하라니?' '내 마음을 상하게 하는 사람을 속으로는 미워하면서도 겉으로만 잘 대해주라는 뜻인가?' 물론 아니다. 마음 중심으로부터 사랑하면서 잘 대해주라는 뜻이다. 내 맘에 안 드는 친구, 나를 괴롭히고 나에 대해 험담하는 친구에게 잘 대해주기만 하라면 그것은 별로 어렵지 않다. 까짓것 마음에 안 들어도 예의를 갖추어서 잘 대해주기만 하면 되니까.

그러나 로마서 12장의 말씀은 그를 사랑하라고 명한다. 원수를 사랑하는 유일한 방법은 우리 사랑이 주님의 사랑만큼 커지는 것이다. 내 사랑이 너무 커져서 상대가 아무리 큰 잘못을 하고 나를 힘들게 해도 미워하는 마음이 생기지 않을 정도가 되어야 한다.

5살 짜리 꼬마 조카가 내 배를 툭 쳤다고 하자. "애가 날 때려?" 화가 나서 주먹으로 조카를 쥐어박을까? 아니다. "아이고 귀여워, 한번 더

쳐봐."하며 배를 내밀지 않겠는가? 주님의 사랑은 이보다 더하다. 그분은 형편없는 죄인, 곧 자기를 십자가에 못박고 침 뱉고 뺨 때리며 저주하고 모욕하는 그런 사람조차도 사랑하셨다. 사랑에는 상한선이 없다. 내 안에 사랑이 계속 차올라 넘친 나머지 나를 그렇게 괴롭히는 사람이건만, '사랑스러워라. 더 괴롭히지 않는 것만으로도 감사해.' 할 수 있어야 한다. 다시말해 우리는 영적 사랑의 거인으로 바뀌어야 한다. 그럴 때 비로소 "핍박하는 자를 축복하라"롬 12:14는 말씀을 이룰 수 있다. 사실 이것이 복음의 힘이다.

"지식에 넘치는 그리스도의 사랑을 알아"엡 3:18 사랑이 계속 자랄 수 있도록 기도하는 것이 신앙성숙이다. 어느 공동체든지 마음에 안맞는 사람이 늘 있기 마련이다. 그런 사람들과 부딪치면서 고민하다가 기도하면서 용납해가는 과정을 통해 우리의 인격과 신앙은 차츰 성숙해간다. '하나님! 어떻게 그를 받을까요?' 죄성을 성령충만으로 누르면서 그들을 용납하는 연습이 필요하다. 그런 의미에서 그리스도인 공동체가 꼭 필요하다.

한국 교계는 이런 면에서 교제가 절대적으로 부족하다. 예배를 드리자마자 서둘러 교회 문을 나서는 사람이 많은데, 이는 기독교의 사상을 한 번도 이해해 본 적이 없다는 사실을 공개적으로 선포하는 것과 같다. 예배가 끝나자마자 그 자리를 뜨기에 바쁜 사람들은 '나는 아직까지 기독교의 진리를 경험해 본 적이 없으니 날 도와주십시오.' 구조를

"난 물 밖에서 자유를 누리고 싶어. 일광욕도 즐길거야."

요청하는 것이다. 물고기가 물을 박차고 나가면 어떻게 되겠는가? 한가로이 일광욕을 즐기며 자유를 만끽하겠는가? 그리스도인은 절대 혼자서 신앙생활할 수 없음을 깨달아야 한다.

진정한 교제는 성도들이 성경을 공부하고 와서 깨달은 점을 나눌 때 가능하다. 기독교는 이런 방식으로 성장해야 한다. 진정으로 교회가 부흥하기를 원한다면 성경공부에 불을 붙이라. 그러면 사람들이 교회로 몰려들 것이다.

대학생 시절에 내가 다니던 교회 대학부는 오랫동안 부흥되지 않았다. 고등부를 졸업한 사람은 많지만, 대학부에 참여하는 사람은 20명도 채 되지 않았다. 어떻게 하면 대학부를 부흥시킬까 고민하다가 1부 예배를 짧게 드리고 2부 순서에는 즐거운 프로그램을 진행하였는데도 전혀 부흥의 조짐은 나타나지 않았다. 세상이 얼마나 재미있는데 세상에서 놀던 사람들이 그 정도의 변화를 보고 교회로 오겠는가? 그런 식으로 승부를 걸어서는 안 되겠다는 생각에서 성경공부를 시작했다. 예배 시간을 늘여 말씀을 깊게 전하고 성경공부를 시작하니까 일 년도 안 되어 대학부가 100명이 넘었다. 영혼의 꿀이 있으면 벌떼는 날아오기 마련이다.

성경공부를 하면 사람들이 부담스러워서 오지 않을 것 같지만 더 많은 사람들이, 더 열심히 나온다. 왜냐하면 세상에는 자기 삶을 나눌 곳이 없기 때문이다. 3시간도 좋고 5시간도 좋으니 모임을 더 하자고 한다. 사람은 만나면 만날수록 자주 보고 싶은 법이다. 3년에 한 번씩 만나는 모임보다는 늘 만나던 사람을 보는 시간이 더 기다려지기 마련이다. 형식적인 교인의 경우, 이런 만남을 너무 가볍게 여긴다. 왜냐하면 이 교제가 얼마나 귀한지 경험해 본 적이 없기 때문이다.

이런 모임이 우리를 살린다. 이런 교제를 위해서라도 반드시 우리는 경건의 시간(QT)을 가지고, 하나님으로부터 얻은 것을 다른 사람에게 나누어 주려는 마음을 지녀야 한다. 또 일주일에 한 장씩 성경을 연구해서 그 깨달은 바를 함께 나누어야 한다. "그리스도의 말씀이 너희 속에 풍성히 거하여 모든 지혜로 피차 가르치며 권면하라"골 3:16고 했다. 피차 가르치라는 것은 명령이다. 우리는 서로 가르쳐야 한다.

다른 사람을 돌볼 책임이 없다고 생각하는 것은 그리스도인 공동체를 깨뜨리는 행위다. 그런 사람들은 예배만 드리고 쏜살같이 집으로 달려간다. 존 웨슬리는, "외로운 그리스도인만큼 비성경적인 것은 없다."고 했다. 얼마나 옳은 말씀인지 모른다. 그런 신앙은 절대로 성장할 수 없다. 교제의 중요성을 깨닫고 소속된 모임에 둘쑥날쑥 하지말고 성실한 태도로 임해야 한다. 우리는 자신이 조금이라도 깨달은 바를 나누어 줄 책임뿐 아니라 서로에게 배울 책임이 있다. 또 서로를 돌아볼 책임도 있다. 선배들에게는 "수고가 참 많습니다." 정감어린 말 한마디로 힘을 실어줄 수 있다. 따뜻한 말 한마디로 그가 격려받을 수 있다. 교회 전도사님이나 목사님에게 맛있는 음식을 대접할 수도 있다.

당신은 사람들에게 맛있는 것을 자주 사주는가? 사주고 얻어먹기도 하면서 자신이 깨달은 하나님을 다른 그리스도인들과 나누고 있는가?

신앙생활을 지속적으로 잘하기 위해서는 개인적인 노력도 해야 하지만 주위에 좋은 그리스도인이 있어서 서로 권면하고 도와주어야 한다. 가정에서는 신실한 배우자가, 교회 공동체에서는 지체들이 서로의 신앙을 빛내 주어야 한다. 8장에서는 믿음의 가정을 세우는 법을, 9장에서는 성령의 역사 속에서 이루어지는 지체 의식에 대해 살펴보고자 한다.

IV 신앙의 버팀목 세우기

8장 믿음의 가정

"난 신앙 좋은 사람과 결혼할꺼야."—평상시
"여자는 예뻐야지. 남자는 능력이야."—결혼할 때

독신자는 가족에 얽매이지 않고 자유롭게 생활하며, 하나님 나라의 확장을 위해 많은 사람을 만나 오랫동안 교제할 수 있는 특권을 갖는다. 어떤 사람은 하나님 나라를 위해 스스로 독신을 선택하기도 한다. 그러나 이런 독신의 장점 외에 독신이 갖고 있는 단점도 적지 않다. '나는 왜 시집을 못 가나?', '나는 왜 장가도 못 가나?' 하는 생각 때문에 때로는 자기 비하에 빠질 수 있다. 혼자 있다 보면 외롭기도 하고 이기적이 될 수도 있다. 이성과의 관계에서 항상 긴장하게 되는 불편함도 있다. 그럼에도 불구하고 분명히 자신에게 독신의 은사가 있다고 생각하는 사람은 독신의 길을 가면 된다. 그러나 독신의 은사가 없다면 결혼하는 것이 하나님의 뜻인 줄 알고 고전 7:7 이성 교제를 해야 한다.

그런데 이성 교제에 대해 몇 가지 잘못된 오해가 있다.

1. 이성 교제에 대한 오해

(1) 하나님이 만세 전에 준비한 짝이 있다?

이 말은 맞는 말이다. 하나님은 내게 맞는 짝을 미리 준비해 놓으셨다. 그런데 문제는 결혼하기 위해 선을 보거나 이성 교제를 시작할 때 상대방이 그 준비된 짝인지 어떻게 확인할 수 있는가 하는 것이다. 결혼하기 전까지는 알 수 없다. 처음 만나서 어떤 징조를 찾으려고 하지 마라. 그것은 결혼식이 끝난 후에, "아, 당신이었군요." 하고 고백할 때 할 수 있는 말이다.

전에 어떤 형제가 한 자매에게, "당신은 만세 전에 준비된 제 짝입니다."라고 고백했다. 그 자매는 아닌 것 같은데 신앙 좋은 형제가 그렇게 말하니 고민을 하기 시작했다. 결과적으로, 두 사람은 결혼하지 않았다. 그러면 자신의 '짝'이라고 한 말은 어떻게 된 것인가? 자기 마음에 드니까 '만세 전에 준비된 짝'이란 표현을 한 것 같다. 결혼하기 전에는 이 사람이 나에게 예비된 짝인 것 같다고 느끼면서 교제할 뿐이고 결혼한 후에야 확실히 자신의 짝이라고 고백할 수 있다. 만세 전에 준비된 짝이니까 하나님이 허락하셔서 결혼한 것이기 때문이다.

(2) 교제와 결혼은 별개다?

　성도 중에도 세상의 영향을 받아 '교제와 결혼은 별개'라고 말하는 사람들이 있다. 아주 이기적인 발상이다. 교제는 교제대로 하다가 결혼은 다른 사람과 하는 것-이것은 꿩 먹고 알 먹는 식의 세상 사람들의 방식이다. 이 사람 저 사람과 교제하며 즐기다가 또 다른 사람과 결혼하는 것은 상대방이 받을 수 있는 상처는 아예 생각지도 않는 이기적인 태도이다. 물론 교제하다가 결혼까지 잘 이어지지 않을 수도 있지만 애당초 교제와 결혼을 별개로 생각해서는 안 된다.

(3) 하나님이 다 알아서 하신다?

　교회에서 오래 자란 순진한 자매들이 의외로 그런 생각을 하며 결혼 문제를 잘 처리하지 못한다. "하나님이 알아서 해주실 것이다."라는 말은 맞다. 그러나 자기가 할 일은 해야 한다. 결혼할 연령이 되었는데도 '하나님이 다 알아서 해주시겠지.' 하면서 이성을 만날 기회가 있어도 만나지 않는다면 결혼하기 쉽지 않다. 혹시 다리에 깁스를 해서 밖에 나가지 못할 형편이라면 하나님이 누군가를 집으로 보내서라도 만나게 해주실 것이다. 그러나 걸어서 나갈 수 있고 벙어리가 아니어서 대화도 할 수 있다면 선도 보고 모임에도 참여하면서 이성을 만날 기회를 가져야 한다. 시험보기 전에 열심히 공부해야 하듯이 하나님이 주신 모든 것을 사용하여 자신을 드러내도록 노력해야 한다.

　형제들 중에도 '하나님이 알아서 하신다'고 생각하고 가만히 있는 사람들이 있다. 어떤 형제는 프로포즈했다가 거절당할 것을 염려해서 그러는 것 같았다. 하나님이 다 알아서 하시는 것은 맞지만 우리 편에서는 하나님을 의지하면서 실제적인 노력을 해야 한다. 가장 영적인 사람은 가장 실제적인 사람임을 다시 기억해야 할 것이다.

(4) 일찍부터 많은 사람을 만나봐야 한다?

고등학교를 졸업하고 바로 이성 교제를 시도하는 사람들이 있다. 결혼이란 두 사람이 상호 보완하여 하나를 이루는 과정이므로 서로 도울 준비가 되어 있어야 한다. 따라서 어릴 때(25세 미만) 이성 교제하는 것은 바람직하지 못하다. 또 형제들의 경우 군대를 갔다오기 전에 교제하는 것도 좋지 않다. 어릴 때의 이성 교제를 반대하는 이유는 우리의 가치관이 점점 변하기 때문이다. 20대 초반에 중요시 여기던 것이 신앙이 성숙하면서 나중에 덜 중요하게 여겨질 수 있기 때문이다. 이렇게 신앙의 가치관이 바뀌는 것이 정상이다.

20대 초반에는 '이 형제 참 괜찮다' '이 자매가 참 좋네' 할 수 있지만 점점 가치관이 변하면서 달라질 수 있다. 일찍 교제를 시작했는데 내 가치관의 변화로 상대가 다르게 보이다면 어떻게 하겠는가? 물론 20대 초반과 중반의 생각이 똑같은 경우도 있다. 이는 더 심각한 문제를 야기시킨다. 그런 사람은 신앙의 성장없이 겨우 버텨왔을 수 있다. 생의 가치관은 신앙 안에서 점점 변화하기 마련이다.

너무 이른 나이에 교제하지 말아야할 또 하나의 이유는 이성에 대해 너무 모르기 때문이다. 그렇기 때문에 공동체 안에서 남성, 여성에 대해 꾸준히 알아가야 한다.

또 20대 초반부터 이성 교제를 시작하면 연애 기간이 길어 성적 유혹이 따라올 수 있다. 연애 기간은 2년을 넘어가면 좋지 않다. 특별히 형제들의 경우 성적 욕구가 심하기 때문이다. 덧붙여 영적으로 성숙해 가면서 전공 공부와 미래를 준비해야할 중요한 20대 초반에 이성 교제를 하게 되면 그만큼 시간과 에너지가 분산되기 때문에 불리하다. 그리스도인으로 세월을 아껴야 한다.

자매들의 경우 어느 정도 성숙한 후에 시작할 것이요, 형제들의 경우에는 군대 갔다 와서 자기 생의 방향이 정해져서 직장에 들어간 후 자매를 만나는 것이 좋겠다. 준비되지 않은 채 자매를 만나는 것은 자기만 생각하고 자매를 배려하지 않는 것이다. 청년의 때는 주님을 위해 자신의 생을 드려서 잘 준비해야 하는 시기이므로 너무 일찍부터 교제를 서두르는 것은 바람직하지 않다.

(5) 사랑에 관계없이 비전이 맞으면 된다?

신앙 좋은 사람이 자기에게 프로포즈하면 거절하기가 어렵고 그 일이 꼭 죄짓는 것 같다고 생각하는 사람이 있다. 어린 생각이다. 하나님은 독재자가 아니시다. 하나님은 우리를 존중하시기 때문에 우리가 판단해서 기쁘게 결혼을 결정하기 원하신다. 마음에 안 드는데 신앙 좋고 비전이 맞는다고 하나님의 뜻이 아닐까하여 결혼하는 것은 하나님이 원하시는 일이 아니다. 하나님은 우리가 마음에 드는 사람과 결혼하는 것을 막는 분이 아니시다. 일생을 같이 살아가야 할 텐데 억지로 마음에도 안 드는 사람과 결혼해서는 안 된다.

(6) 꼭 그리스도인과 결혼해야 하나?

'불신자와 결혼해서 그 사람을 전도하면 안 될까요?'

이렇게 질문하는 사람들의 공통적인 특징이 있다. 평소에 전도 열심히 안 하는 사람이다.

원래 결혼은 하나님의 축복으로 주어졌다. 인간이 연약하기 때문에 두 사람이 함께 하나님을 더 잘 섬기라고 결혼을 축복으로 허락하신 것이다. 두 사람이 만나 결혼하면 신앙은 평균이 될 수밖에 없다. 위에서 잡아올리는 것보다는 밑에서 끌어내리는 것이 더 쉽기 때문이다. 그러니 불신자와 결혼하면 어떻게 되겠는가? 물론 평소에 늘 전도를 하다 보니 영혼을 불쌍히 여기는 마음이 가득하여 비록 자기 생이 불행하더라도 결혼을 통해 불신자 한 명이라도 더 구원시키겠다는 비장한 각오가 있다면 불신자와 결혼하도록 하라.

그러나 실제로는 신앙이 별로 없는 사람들이 "불신자 만나서 결혼하면 안 될까요?"라고 질문한다. 결혼했다가 오히려 신앙을 버리는 쪽으로 전도 당하지(?) 않을까 걱정이다.

성경은 결혼에 대해 무엇이라고 말씀하는가?

> 남자가 부모를 떠나 그의 아내와 합하여 둘이 한 몸을 이룰지로다
> _창 2:24

한 몸이란 일치를 의미한다. 그런데 가장 중요한 신앙이 서로 다르면 어떻게 일치를 이루겠는가? "교회 사람들은 답답해. 불신자 친구와 만

나면 화통하고 편해."하는 사람들은 성경을 전혀 모르는 사람들이다. 신앙적인 가치관이 별로 없으면 불신자와 잘 통하기 마련이다. 이런 말을 하는 것은 자신의 영적 수준이 세상 사람과 거의 같다는 증거다.

> 너희 몸은 너희가 하나님께로부터 받은 바 너희 가운데 계신 성령의 전인 줄을 알지 못하느냐 너희는 너희 자신의 것이 아니라 값으로 산 것이 되었으니 그런즉 너희 몸으로 하나님께 영광을 돌리라
> _고전 6:19, 20

이미 예수님을 믿은 우리도 계속 자신의 옛사람과 힘든 영적 싸움을 하고 있는데 안 믿는 사람까지 만나면 어떻게 되겠는가? 안팎의 싸움을 어떻게 감당하겠는가? 그래서 성경은 불신자와의 결혼을 금하고 있다.

> 너희는 믿지 않는 자와 멍에를 함께 메지 말라 의와 불법이 어찌 함께 하며 빛과 어두움이 어찌 사귀며_고후 6:14

아무리 어두워도 스위치를 올리면 빛이 들어와 어둠이 사라진다. 빛과 어두움이 함께 존재할 수 없는 것처럼 신자와 불신자의 연합 또한 어렵다. 그래서 바울은 강경하게 권면하고 있다.

> 주 안에서만 할 것이니라_고전 7:39

성경적 근거 외에 실제적 근거를 살펴보자.

데이트할 때는 잘 모르지만, 결혼하여 함께 살 때 아내만 교회에 다닌다면 남편이 벌어온 돈으로 헌금 내는 일도 쉽지 않을 것이다. 수입이 많아도 쉽지 않은데 일반 봉급자 생활 수준에서 십일조를 뗀다면 신앙없는 남편이 좋아하겠는가? 또 회사일로 힘든 남편이 모처럼 집에서 쉬는 주일날 아내가 교회에 가서 하루 종일 예배드리고 봉사한다면 남편이 기뻐하겠는가?

그 반대의 경우도 마찬가지이다. 아내가 신앙이 없다면 교회에서 심방 와서 식사 대접을 하려고 해도 여의치 않다. 자녀를 교육할 때도 신앙 있는 남편은 기독교 계통의 유치원에 보내려는데 아내는 세상적으로 좋은 유치원에 보내고 싶어할 때 어떻게 하겠는가? 결혼하면서 두 사람이 함께 하는 새로운 삶이 시작되는데 한 마음이 되어 여러 상황들에 대처하고 많은 문제들에 대해 합심하여 기도하기란 쉽지 않다.

이것은 실제적인 몇 가지 사례에 불과하고, 불신자와 결혼해서 안 되는 진정한 이유는 사랑이 지속적이지 못하기 때문이다. 왜 결혼한 지 얼마 안 되어 이혼하는가? 그들이 결혼하기 전부터 서로 미워했는가? 처음부터 이혼을 계획하고 결혼했겠는가? 아니다. 서로 깊이 좋아해서 결혼했지만, 결혼 후에 사랑하지 않게 되어 이혼하는 것이다. 신앙생활을 잘 해보려고 해도 잘 안 되는 때가 있듯이 부부간에 서로 사랑하려고 해도 사랑하기 어려운 상황이 온다. 결혼해서 생활해보면 상대방의 허물이 그대로 드러나기 때문이다. 부지런한 줄 알았는데 게으르거나, 상냥한 줄 알았는데 성격이 괴팍한 경우, 신앙이 있으면 그러한 결점이

드러남에도 불구하고 서로 사랑할 수 있다. 그러나 신앙이 없으면 그 결점들을 용납하기가 좀처럼 쉽지 않다. 결혼하기 전까지의 사랑은 그 냥 끌리는 것, 다시 말해 진정한 사랑이라기보다는 그냥 좋아하는 것이 라고 볼 수 있다. 그 좋아하는 감정만 갖고는 상대방의 단점을 받아줄 수 없다.

나의 경우 아내와 지금까지 계속 사랑하는 좋은 관계를 유지할 수 있는 것은, 설령 그녀가 부족하더라도 하나님이 주신 귀한 딸이므로 사랑할 수 있기 때문이다. 나는 그녀의 약점에도 불구하고 사랑할 마음이 있다. 그리고 주님 안에서 나의 사랑이 결혼 초보다 지금 더 많이 자랐기 때문에 아내를 이전보다 더 사랑할 수 있다. 이것은 아내도 마찬가지이다. 나의 약점과 허물을 알고 있지만 주님의 사랑을 배워 나를 받아주며 사랑한다.

그러나 세상 사람에게는 애초에 이 '그럼에도 불구하고 사랑하는 아가페의 사랑'이 없다. 그냥 좋으면 서로에게 끌려 결혼하는데 그 순간에는 무슨 약속인들 못 하겠는가? "너와 결혼하면 교회에 마음껏 갈 수 있도록 할게. 앞으로 나도 따라갈지 몰라." 너그럽게 약속한다. 그러나 남녀의 관계는 X선임을 기억하라. 처음 교제를 시작할 때에는 보통 자매가 위에 있고 형제가 아래에 있다. 형제는 헤어질 때 자매 집까지 데려다주고 좋은 선물도 해주면서 신사답게 잘 대해 준다. 그러다가 결혼하면 점점 이 X선 상에서 형제의 위상은 올라가고 자매는 슬슬 내려가면서 위치가 바뀌게 된다.

우리는 연약하고 허물이 많은 자, 즉 9천조의 한심한 죄인들이기 때문에 누군가를 사랑할 수도, 사랑받을 수도 없는 존재이다. 그런데도 그리스도인이 불신자와 결혼하려고 한다면 정말 나서서 말리고 싶다. 왜 스스로 고난의 길에 들어서려고 하는가? 왜 하나님이 축복하신 아름답고 귀한 결혼을 망치려는가? 지금 당장은 현재 사귀고 있는 형제나 자매가 좋아 보이겠지만, 그 감정이 결혼 후에도 계속 지속되리라고 생각하는가?

결혼하고 나면 그때는 이미 늦어서 되돌아갈 수 없다. 요즈음 많은 가정이 깨어지고 있는데 성령님께서 도와주셔야 한다. 무슨 근거로, '지금 내가 사귀고 있는 그 사람은 안 그럴 거야.'라고 확신할 수 있는가? 데이트 기간 중에 자신의 모습을 다 드러내 보일 사람이 어디 있는가? 그 사람도 9천조의 한심한 죄인인데, 그에게 무슨 영원한 사랑의 힘이 있다고 기대하는가? 불행하고 싶으면 불신자와 결혼하라.

(7) 비서 구하기?

신학대학원 시절, 대학생 선교단체 간사 출신인 한 신학생이 내게 결혼할 자매를 소개해 달라는 부탁을 한 적이 있다.

"어떤 자매를 원합니까?"

"예, 컴퓨터 잘하고, 영어 잘하며, 피아노 잘치는 자매요."

아마 이 형제는 나중에 교회를 개척할 생각을 하는 것 같았다.

"전도사님, 차라리 비서를 구하시지요."

"**전** 개척을 할 거라서요.
컴퓨터도 잘하고, 영어도 하고, 피아노도 칠 줄 아는 자매였으면 좋겠어요."

결혼해서 아내로부터 무엇인가 받으려고 생각하는 것은 바람직하지 못하다. 오히려 남편이 아내를 사랑해 주고 섬겨야 한다. 나에게 부족한 부분을 상대방이 갖고 있어서 메꾸어 주면 좋겠다는 생각은 잘못된 태도다.

2. 결혼 생활의 원리

아직 결혼하지 않은 사람은 결혼을 어떻게 준비해야 할까? 40~50여 년 정도 함께 살 남편과 아내의 역할은 무엇인가? 그 역할을 알아야 거기에 맞추어 어떤 형제, 자매를 선택할지 결정할 수 있다.

(1) 아내의 역할

"아내들이여 자기 남편에게 복종하기를 주께 하듯 하라" 엡 5:22.
어떻게 아내가 남편에게 복종할 수 있는가? 성령충만한 상태에서 가능하다. 때로는 남편이 나보다 못한 것 같고 판단이나 생각이 틀린 것 같은데 어떻게 복종할 수 있는가? 성령충만할 때만 가능하다. 하나님은 질서상 남편에게 가정의 주도권을 허락하셨다.

> 이는 남편이 아내의 머리됨이 그리스도께서 교회의 머리됨과 같음이니 그가 바로 몸의 구주시니라 _엡 5:23

교회 공동체와 그리스도의 관계에서 누가 주인인가? 그리스도시다. 마찬가지로 가정에서는 남편에게 그 권한이 주어져 있다. "교회가 그리스도에게 하듯 아내들도 범사에 자기 남편에게 복종할지니라"엡 5:24 는 말씀을 따라 아내는 남편에게 복종해야 한다. 권리보다 의무를 가르치는 말씀이다.

(2) 남편의 역할

남편이 해야 할 의무는, "아내 사랑하기를 그리스도께서 교회를 사랑하시고 그 교회를 위하여 자신을 주심같이"엡 5:25 하는 것이다. 아내를 어떻게 사랑하라는 말씀인가? 그리스도께서 교회를 위하여 자신을 주심같이 하라고 했다. 그 목적은 "이는 곧 물로 씻어 말씀으로 깨끗하게 하사 거룩하게 하시고 자기 앞에 영광스러운 교회로 세우사 티나 주름잡힌 것이나 이런 것들이 없이 거룩하고 흠이 없게 하려 하심"엡 5:26 이다. 우리를 위해 죽으신 주님이 우리를 온전케 하시는 것처럼 남편도 아내를 온전케 하라는 것이다. "이와 같이 남편들도 자기 아내 사랑하기를 자기 자신과 같이 할지니 자기 아내를 사랑하는 자는 자기를 사랑하는 것이라 누구든지 언제나 자기 육체를 미워하지 않고 오직 양육하여 보호하기를 그리스도께서 교회에게 함과 같이 하나니"엡 5:28,29.

결국 남편의 역할은 무엇인가? 아내를 하나님 보시기에 온전한 사람으로 만드는 것이다. '아내가 기도생활은 잘 하는가? 성경은 몇 권째 연구 중인가? 그녀의 연약한 부분은 무엇인가? 특히 정서적으로 약한 부분은? 취미생활은 어떠한가? 그녀가 기쁘게 주를 잘 섬길 수 있게 어떻

게 도와줄까? 어떻게 하면 아내를 기쁘게 하고 온전하게 만들어갈까?'

남편은 하나님 앞에서 아내를 책임져주고 온전케 해 주어야 한다.

때로 남편을 위해서 아내가 희생하는 경우가 있다. 그것은 비성경적이다. 절대로 아내가 남편을 위해 희생되면 안되고 오히려 남편이 아내를 위해 희생해야 한다. 복종과 사랑-아내는 남편에게 복종하고 남편은 아내를 사랑하는 일, 양쪽 다 자기 희생적 측면이 있다. 어느 쪽이 더 힘들까? 굳이 따진다면 남편의 역할이다. 아내를 그냥 사랑하라는 것이 아니라 주님이 우리를 사랑하신 것처럼 사랑하라는 말씀이다. 무슨 말인가? 쉽게 말해 '죽으라' 는 말씀이다. '아내를 위해서 네가 죽어라!'

이 어마어마한 역할이 기다리고 있기 때문에 형제들은 더 잘 준비해야 한다. 이런 준비도 안 된 상태에서 이성 교제하면 안된다. 자매들도 마찬가지이다. 결혼하기 전에 복종의 준비가 되어 있어야 한다. 복종은 성령충만할 때 가능하다. 따라서 매일 경건의 시간을 갖고 하루 한 시간씩 기도하는 형제나 자매를 만나야 한다. 조건이나 외모만 좋은 사람을 선택해서는 안 된다.

3. 결혼 생활의 실제

(1) 설거지

나는 에베소서를 연구하면서 성경적인 부부의 진정한 의미를 깨달았다. 결혼 초에 아내를 보니 집안에서 하는 일이 참 많았다. "네 몸을 사랑하듯이 아내를 사랑하라"는 말씀을 기억하며 일을 분담해야 하지 않을까 생각했다. 그래서 빨래와 설거지는 내가 맡기로 했다. 사실 처음에는 망설였다. '지금 빨래와 설거지를 시작하면 결혼생활 내내 해야 할텐데… 정신 차려서 잘 결정해야 하지 않을까?'

그러나 성경 말씀에 순종하려니 어쩔 수 없었다. 그래서 빨래를 시작했는데 막상 해보니 쉽지 않고 시간도 너무 많이 걸렸다. 하는 수 없이 무리를 해서 세탁기를 장만했다. 결국 설거지만 맡아 하게 되었는데 참으로 놀라운 일이 벌어졌다. 설거지가 재미있어지기 시작한 것이다. 웬 은혜인가! 식사가 끝나면 기름기 없는 그릇은 그냥 닦고 기름기 있는 그릇은 세제를 묻혀서 닦았다. 즐거웠다. 밥먹고 나서 계속 앉아 있기보다는 서서 손을 움직여 접시를 닦으니 소화도 더 잘 되는 것 같았다. 설거지 맡기를 잘 했다고 생각한다. 그 일은 지금까지 계속하고 있다.

(2) 성경공부

내 아내는 고등학교 2학년 때부터 교회에 다니다가 대학생 때 한국기독학생회(IVF) 활동을 했고 교회에서도 리더였는데 결혼하고 보니 성경 연구를 하지 않고 있었다. 그래서 하나님 앞에서 그녀를 온전케 하기 위해 개인성경연구(PBS)를 하게 했는데, 20여 년이 지난 지금은 40권이 넘는 성경을 연구했다. 그리고 그 성경 연구의 맛을 알자 자신뿐만 아니라 주변 사람들에게 성경 연구를 독려하고 있다. 처음 만났을 때에는 교양 있는 여성이면 할 수 있는 이야기를 했으나, 지금은 성경을 근거로 말하고 조언하는 성경적인 여성이 되어가고 있다.

(3) 섬김

결혼 초 어느 날 밤 굉장히 피곤해서 깊이 잠들었는데 아내가 갑자기 배가 아프다고 했다. 비몽사몽간에 그 말을 들으면서도 나는 너무 졸려 계속 자고 싶었다. 아마 옛날 성격 같았으면, "지금 어떻게 해요. 밤인데 조금만 참았다가 새벽이 되면 약국이나 병원에 가봅시다."라고 말했을 것이다. 그러나 그 순간 나는 일어났다. 물론 그 짧은 순간 이 위기를 어떻게 넘길 수 있을까 생각하지 않은 것도 아니었다. 그러나 '주님이 교회를 위해서 목숨을 버린 것같이 아내를 위해 죽으라고 했는데 잠이 문제냐?'는 생각에 벌떡 일어나 얼른 옷을 입었다. 아내가 "왜 그래요?"하고 묻길래, "병원에 갑시다."하면서 아내를 부축해 응급실로 달려갔다. 주사 맞고 안정을 취한 후 새벽에 돌아왔다.

분명히 성경에서는, "남편들아 아내 사랑하기를 그리스도께서 교회를 사랑하시고 위하여 자신을 주심같이 하라"고 말씀하시지 않는가?

또 아내가 무엇을 원하는가 살펴보니 어릴 때 피아노를 조금 배우다 말아서 더 배우고 싶어했다. 비록 재정이 어려웠던 간사 시절이었지만 과감하게(?) 투자하여 아내를 피아노 학원에 보냈다. 아내가 얼마나 기뻐했는지 모른다.

(4) 주도권

세상에는 주도권 다툼이 있다. 세상 선배들은 "첫 부부 싸움에서 반드시 승리하라"고 가르친다. 처음에 기선을 잡아야 결혼 생활이 편하다고 주장한다. 처음 부부 싸움을 할 때 베개, 밥상을 날리며 모든 것을 다 동원해서 반드시 이겨야 한다고 한다.

그러나 그리스도인에게 부부 싸움이 있을 수 있는가? 주도권 쟁탈? 이미 끝났다. 하나님께서 질서상 남편에게 주도권을 주셨는데, 이는 남편에게 권세를 부리라고 주신 것이 아니라 섬기라고 주신 것이다.

대구에서 캠퍼스 간사 사역을 할 때였다. 몸이 약한 아내가 늘 마음에 걸렸다. 그런데 마침 돈이 좀 생겼다.

"여보, 이 돈으로 보약을 지어 먹으세요."

그러자 아내는, "아니에요. 당신이 사역하느라 힘드니 당신 보약을 드세요."

"아니, 그러지 말고 당신이 보약 지어 들어요."

"아니에요…."

이럴 때 나는 남편으로서 최종 결정을 내렸다.

"당신이 보약을 먹으시오."

결국 아내는 순종해서 보약을 지어 먹었다.

남자의 주도권은 이런 주도권이다. 아내를 사랑해서 아내 위해 결정을 내리는 데 사용하는 주도권이지 남자의 공화국을 만드는 데 사용하는 주도권이 아니다. 남편은 아내를 온전히 섬기되 주님이 나를 섬기신 것처럼 하나님 보시기에 아내를 온전하고 아름답게 만들어야 한다. 자녀를 낳아 키우면서 부모의 마음을 이해하듯이 이런 결혼 생활 과정을 통해 주님의 마음을 이해하게 된다.

(5) 바가지

남자들끼리 모인 자리에서, "내 아내는 바가지 대장이야."라고 말하는 사람이 있다. 이 말은 마치 5개월된 아기를 업고 있는 엄마가, "우리 애는 왜 이렇게 지저분한지 모르겠어. 머리를 안 감아서 냄새도 나." 하는 것과 같다. 이는 엄마의 잘못이다. 마찬가지로 "내 아내는 바가지 대장이야."하는 말은 "내가 아내를 편안하게 해주지 못했다."는 자백이다. 아무튼 집안에 문제가 발생하면, 그 아내가 어쩔 수 없는 막무가내 스타일의 자매가 아닌 한 모두 남편의 책임이다. 아내의 책임이 아니라 절대적으로 남편의 책임이다. 이것이 성경적 원리다. 하나님께서 남편에게 아내를 섬기며 온전케할 책임을 주셨는데 행복한 가정을 이루지 못한다면 남편이 책임을 다하지 못한 것이다. 그러므로 형제들은 부지런히 성경을 연구하며 빨리 성숙해가는 도리밖에 없다.

(6) 시집살이

성경 말씀대로 결혼 후에는 부모를 떠나야 한다엡 5:31. 물론 문자적으로만 적용하기 어려운 면이 있지만 원칙은 분명하다. 가정의 머리는 시어머니가 아니라 남편이기 때문에 결혼하면 실제적으로 부모를 떠나야 한다. 가장 훌륭한 시어머니와 가장 훌륭한 며느리가 만나더라도 으레 고부간의 갈등은 있기 마련이다. 그것은 어느 한 쪽이 잘못해서가 아니라 '서로 다름'에서 생기는 갈등이다. 아내에게 두 주인을 두는 것은 불가능하다. 아내의 주인이 시어머니가 되면 안 되고 남편이 되어야 한다. 만일 시어머니와 같이 살 경우, 누구의 지시를 따르며 누구의 성향을 따를 것인가? 시어머니와 남편이 100% 똑같은 성격과 기질이라면 모르지만 분명히 다르기 때문에 마찰이 생기기 마련이다. 그러나 만일 시부모가 거동을 못하거나 간병을 해야 할 경우는 당연히 모시고 살아야 한다. "가족을 돌보지 않으면 불신자보다 더 악한 자"라고 성경에 씌어 있다딤전 5:8. 하지만 시부모가 건강하고 아직 연로하지 않다면 기회 되는 대로 따로 사는 것이 좋다.

교제를 오래 해서 친하다 하더라도 결혼해 둘이 하나 되는 데는 3년 정도의 시간이 필요하다. 결혼하기 전까지 20~30여 년간 각자 다르게 지냈으니 당연히 함께 살면서 많은 부분에서 부딪치며 어려움을 겪는다. 부모를 떠나 서로 적응하는 방법을 익혀야 한다. 그러면서 둘이 한 몸을 이루는 것이다.

(7) 대화

결혼하여 하나가 되는 과정에서 대화가 무척 중요하다. 특히 화가 나 있을 때에는 더 많은 대화를 해야 한다. 사실 섭섭하거나 화가 날 때에는 마음이 닫혀서 말하고 싶지 않다.

결혼 초에 내 아내도 마찬가지였다. 어떤 일로 마음이 상했는지 기분이 안 좋아 보였고 말도 잘 하지 않았다. 기분 나쁜 일이 있었느냐고 물으니 없다고만 대답했다. 그 다음날 아침이 되어서야 나 때문에 기분이 안 좋았었다고 말해 주었다. 아내가 기분 상한 일에 대해 내가 왜 그렇게 행동했는지 설명을 하니 그때서야 그녀의 감정이 풀리는 것이었다.

"무엇 때문에 불편한 심기로 하루를 넘기었소? 그러지 말고 화나는 일이 있으면 곧바로 이야기합시다."

부부는 서로 다름에서 오는 갈등을 겪기 마련이다. 나의 행동 방식이 내 아내를 화나게 만들었는데 나는 전혀 알지 못했다. 아내 편에서는 내가 당연히 그 사실을 알고 있으리라고 생각했단다. 그런데 나는 전혀 의식하지 못했다. 이것이 남녀의 실제적 차이다. 그동안 살아온 생활 방식이 다르기 때문에 부부는 서로에 대한 많은 이해가 필요하다. 그리고 이 일은 대화를 통해서 가능하다. 일반적으로 사람들은 화가 나면 말을 하지 않는다. 한 사람이 말하지 않으면 상대방도 기분 나쁘니까 말하지 않게 된다. 사람은 영적 존재인지라 이것을 민감하게 느낀다. 마음이 상하고 기분이 나쁜 상태에서 출발해서 점점 대화가 없어지다 보면 결국 부부는 별거를 하게 되고 그러다가 이혼에까지 이른다. 그 당시 나는 아내에게 이렇게 당부했다.

"만일 앞으로 당신에게 기분 나쁜 일이 있으면 그때마다 꼭 말하시오. 이야기하지 않겠다는 것은 나와 이혼하겠다는 뜻이오."

부부 관계에 있어서 "내가 참고 말지"처럼 하나됨을 파괴하는 생각은 없다. 부부 사이에는 조금만 섭섭한 일이 있어도 그것이 큰 문제로 발전할 소지가 있다. 그냥 참으면 속에 쓴뿌리가 생겨 점점 자라다가 결국 크게 폭발한다. 마귀는 "내가 참고 말지"라는 말로 수많은 가정을 깨뜨렸다. 참지 말고 자신이 화가 났음을 온유한 자세로 상대방에게 알려야 한다. 또 상대방은 배우자가 화난 상태를 그대로 인정해서 풀어 주어야 한다.

그 후 우리 부부는 서로에게 기분 나쁘거나 섭섭한 일이 있으면 반드시 이야기한다. 오해가 있으면 풀고 잘못한 일이 있으면 서로 사과하여 지금까지 감정의 앙금 없이 살고 있다. 단 일분 일초라도 서먹서먹한 감정으로 있지 말자는 약속을 지켰기 때문이다.

가정이 화목하지 않으면 아무 일도 할 수 없다.

> 남편된 자들아 이와 같이 지식을 따라 너희 아내와 동거하고 그를 더 연약한 그릇이요 또 생명의 은혜를 함께 이어받을 자로 알아 귀히 여기라 이는 너희 기도가 막히지 아니하게 함이라_벧전 3:7

(8) 분방

부부는 함께 살아야 한다. 성경 말씀에 부부는 기도 외에 분방하지 말라고 하셨다_고전 7:5. 요즈음 직장이나 특별한 이유 때문에 주말에만 만나는 주말부부가 있는데, 이는 성경적이지 않다. 일생 함께 살기로 약속해서 결혼해놓고 생의 7분의 1이나 2만 함께 살면 되겠는가? 주께서 새롭게 만들어주신 한 몸인데 서로 떨어져 살면 안된다. 주님의 명령에 불순종할 만큼의 어떤 절대적인 이유도 있을 수 없다. 어떤 가정은 남편 혹은 아내 혼자 유학을 가 몇 년씩 떨어져 사는 경우도 있다. 최근에 남편은 한국에서 돈 벌고 아내는 아이들 데리고 외국에 가 공부시키는 가정도 많아졌다. 말씀을 모르거나 혹은 알아도 불순종한 것이다. 남편과 아내는 일생 함께 지내야한다. 성경의 명령이다. 단지 함께 사는 차원을 넘어 영적인 차원에서도 하나가 되어야 한다. 그러기 위해서는 은혜 받을 수 있는 자리에 늘 함께 가야하며 영적인 면에서도 비슷한 수준으로 함께 자라가야 한다. 그럴 때 더 하나가 될 수 있기 때문이다.

4. 결혼 준비

아직 결혼하지 않은 사람들은 결혼 준비를 잘 해야 한다. 일생을 살아가는 데 가장 기본이 되는 가정이 행복해야 모든 것이 잘 되기 때문이다. 그러면 무엇을 준비할 것인가? 무엇보다 하나님 말씀을 잘 공부하고 기도생활을 꾸준히 하면서 자신의 가치관을 변화시켜야 한다. 결혼 전에 성경적 사고관이 바르게 형성되어 있어야 한다.

부부는 싸울 수 없다. 물론 의견의 차이는 있을 수 있으므로 그때마다 대화로 풀어나가야 한다. 항상 성경을 연구하면서 성경의 원리에 비추어서, 또 주님의 입장에서 아내와 남편의 역할을 다한다면 싸움은 일어날 수 없다. 나도 말씀에 순종하며 지금까지 아내와 다투지 않고 하나되는 일에 힘쓰고 있다. 나는 아내와 의논하고 아내는 나의 결정에 잘 따라 준다.

결혼하지 않은 형제나 자매들은 어떤 기준으로 배우자를 만나야 할까? 두 가지다.

신앙이 좋은 사람이어야 한다. 그런데 신앙이 좋아도 이상하게 대화가 안되는 사람이 있다. 따라서 신앙이 좋고 대화가 되는 사람을 만나라.

누가 현숙한 여인을 찾아 얻겠는가? 그의 값은 진주보다 더하니라

_잠 31:10

현숙한 여인이 드물다. 형제들의 경우 신앙 좋은 자매를 찾다가도 나중에는 꼭 외모를 보는데 어디까지나 현숙한 여인을 만나야 한다. 하나님을 경외하고 성경 연구를 일주일에 한 장씩이라도 꼬박꼬박하며, 철야기도도 하고 새벽기도도 하는 신실한 자매를 찾아야 한다. 자매들도 마찬가지다.

그러기위해 무엇보다 먼저 자신의 가치관이 바뀌지 않으면 안 된다. 신앙의 돈독함이 세상에서 가장 귀하게 여겨질 때 신실한 형제나 자매를 얻게 된다. 내 배우자상이 여전히 부드러운 목소리나 큰 키, 좋은 학벌과 직업, 경제력, 외모 등에 갇혀 있다면 신실한 형제나 현숙한 자매를 볼 수 없다.

또 신실해 보이는 형제나 자매를 만났다고 해도 주위 사람들이 그를 어떻게 평하는지 잘 들어보아야 한다. 누구든지 처음에는 잘 대해줄 수 있고 신실해 보일 수 있기 때문이다. 공동체에서 입증된 사람인지 살펴보아야 하고 주위 친구들의 이야기도 들어 보아야 한다.

남자들 중엔 사기꾼들이 많다. 정말 많다. 군대에 있을 때 보면, 약혼하고 와서 다른 여자를 만나는 군인들이 많았다. 교회를 다니는 사람도 마찬가지였다. 자매들 중에도 의외로 여우(?)가 많다. 외모는 괜찮은데 잘 보면 여우(?)다. 그러므로 주위 후배들이 잘 따르고 친구들이 신뢰하는, 공동체에서 입증된 신실한 자매를 만나야 한다. 그런 의미에서

감정은 결혼의 중요한 요소가 아니다. '좋아한다' '매력적이다' '첫눈에 반했다' 같은 기준은 대단히 위험하다.

나는 아내를 만났을 때 첫눈에 반한 것은 아니었다. 사귀면서 좋아하는 감정이 자라기 시작했고 결혼한 후 감정이 더욱 증폭되었다. 결혼하고 나니 사랑이 더욱 자라났다. 하나님이 약속하신 대로 결혼에 정말로 풍성함이 있다. 하나님이 주신 짝인데 내가 미워할 마음이 있겠는가? 좋아할 수 밖에 없다. 사랑은 생명이 있는 나무와 같아서 결혼하는 순간부터 자라간다. 그렇기 때문에 '감정적으로 끌리는 것'은 별로 중요하지 않다. 아무튼 이성 교제와 결혼 문제에 있어서 하나님의 특별한 은혜를 구해야 한다.

5. 성, 결혼, 이혼

(1) 혼전 성관계?

"진정으로 사랑한다면 마음 뿐 아니라 몸까지 하나 되어야 하는 것 아닌가요?"

대학 1학년 여학생에게 이런 질문을 받은 적이 있다.

결론부터 말한다면 성경은 혼전 성관계를 금한다. 성적 욕구는 오직 결혼 후 부부 관계에서 해결되어야 한다고 가르친다.

> 만일 절제할 수 없거든 결혼하라. 정욕이 불같이 타는 것보다 결혼

하는 것이 나으니라_고전 7:9

  1) 그리스도인들은 세상 사람처럼 사랑한다고 해서 성적인 관계를 가지면 안된다. 결혼할 때까지 더욱 성숙한 형제, 자매로 준비되어야 한다.
  2) 성적 충동이 강한 형제들은 음란한 환경(잡지, 동영상, 영화)을 피하고 욥처럼("내가 내 눈과 약속하였나니 어찌 처녀에게 주목하랴"_욥 31:1) 자신을 지켜야 한다. 평소에 운동을 많이 해서 건전한 곳에 에너지를 쏟아내도록 한다. 무엇보다 주님의 일을 많이 하면서 시간을 보내는 것이 가장 좋은 방법이다.
  3) 두 사람이 이성 교제를 할 때 성적 자극이 일어나지 않도록 조심하고, 되도록 아무도 없는, 둘만 만날 수 있는 은밀한 장소를 피해야 한다.
  4) 자매 혼자 자취할 경우 절대 형제가 집에 들어오도록 허락해서는 안되고, 자매 또한 형제 혼자 지내는 방에 가지 않도록 조심한다.
  5) 동시에 짧은 치마나 노출이 심한 옷을 입어 형제를 자극하지 않도록 조심해야 한다.

(2) 결혼 전에 성관계를 가졌다면?
1) 세상적으로는 결혼식을 안했기 때문에 남남인 것 같지만 성경적으로는 이미 부부가 된 것이다.

A. 구약
  1) "남자가 부모를 떠나 그의 아내와 합하여 둘이 한 몸을 이룰지로

다" 창 2:24.

2) 결혼 후에 만약 처녀가 아닌 것이 드러났을 때 매우 가혹한 형벌, 즉 돌로 쳐 죽였다. 이것을 창기의 행동이라고 하였고 이스라엘 중에 악을 행함이라고 하였다 신 22:20, 21.

3) 만일 남자가 처녀와 동침하였으면 그 처녀를 욕보인 것이 되어서 그 처녀를 아내로 삼으라고 명하셨다 신 22:28, 29.

B. 신약

1) "창녀와 합하는 자는 그와 한 몸인 줄을 알지 못하느냐 일렀으되 둘이 한 육체가 된다 하셨나니 주와 합하는 자는 한 영이니라. 음행을 피하라. 사람이 범하는 죄마다 몸 밖에 있거니와 음행하는 자는 자기 몸에 죄를 범하느니라" 고전 6:16-18.

성관계를 맺는 순간 이미 남편, 아내로 한 몸이 된 것이다.

2) 한 번 성관계를 가진 두 사람은 이미 부부가 되었기 때문에 결혼해야 한다. 만일 다른 사람과 결혼하면 간음하는 것이 된다. 그러므로 한 번 성관계를 맺고 헤어졌다면 다시 그 사람을 찾아 결혼식을 하고 평생 부부로 지내는 것이 하나님 앞에서 올바른 태도다.

3) 실제 이 문제는 해결하기 쉽지 않고 복잡한 경우가 있어 매우 지혜로운 결정과 즉각적 순종이 필요하다.

(3) 이혼해도 되는가?

1) 그리스도인은 하나님의 축복 속에 이루어진 결혼 생활을 잘 유지

해야 하며 이혼해서는 안된다. 성경은 이혼을 금하고 있다.

> 그런즉 이제 둘이 아니요 한 몸이니 그러므로 하나님이 짝지어 주신 것을 사람이 나누지 못할지니라_마 19:6

2) 성격 차이, 알콜 중독, 폭력, 도박 등의 이유로 이혼할 수 없다. 알콜 중독이나 폭력처럼 함께 있기 어려운 경우에는 그 상황을 잠깐 피하거나 기도하면서 어떤 식으로든지 문제를 해결해야 한다. 결혼을 원천적으로 무효화시켜 세상 사람들처럼 이혼할 수 없다.

3) 단, 배우자가 불륜을 범했을 때는 결혼 자체가 무효가 되므로 그때는 이혼할 수 있다.

> 누구든지 음행한 이유 없이 아내를 버리면 이는 그로 간음하게 함이요_마 5:32

> 누구든지 그 아내를 버리고 다른 데에 장가드는 자는 본처에게 간음을 행함이요 또 아내가 남편을 버리고 다른 데로 시집가면 간음을 행함이니라_막 10:11,12

그럼에도 불구하고 그를 용납하여 살겠다고 하면 계속 결혼 생활을 할 수 있다.

4) 사별한 경우 재혼할 수 있다.

아내는 그 남편이 살아있는 동안에 매여 있다가 남편이 죽으면 자유로워 자기 뜻대로 시집갈 것이나 주 안에서만 할 것이니라_고전 7:39

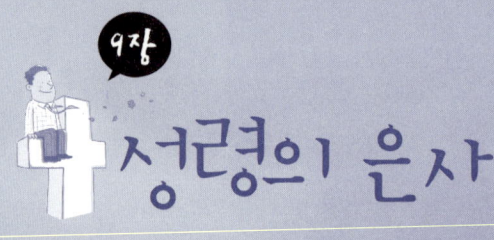

성령의 은사

> "올해도 우리가 계속 교세를 확장하려면
> 신비한 은사에 깊이 빠져있는 교인들을 찾아가야 할 것이다."
> - 이단 교주의 연두 교서 중에서 -

먼저 성령에 대해 알아보자.

성령은 예수님을 믿을 때 누구에게나 주어지는 하나님의 거룩한 영이시다.

> 너희가 회개하여 각각 예수그리스도의 이름으로 세례를 받고 죄사함을 받으라 그리하면 성령을 선물로 받으리니 _행 2:38

회개하고 예수님을 믿지만 여전히 그리스도인에게는 죄성이 살아 있어서 도저히 거룩해질 수가 없다. 그래서 하나님께서는 믿는 자의 마음 속에 거룩한 영을 보내셔서 죄와 싸우게 하며 거룩한 마음을 품고 거룩한 뜻을 추구해가며 계속 성화를 이루어가게 하신다. 거룩한 영, 즉 성령님이 믿는 자 안에서 활동하시도록 늘 말씀과 기도 생활을 해야 하고 순종함으로 성령충만한 상태를 유지해야 한다. 그럴 때 그리스도인은 승리의 삶을 살 수 있다.

성령님은 삼위일체 하나님이시다.

베드로는 아나니아를 책망할 때 "네가 성령을 속였다"행 5:3고 했고 이것은 사람에게 거짓말한 것이 아니라 하나님께 한 것행 5:4이라고 말하며 성령님을 하나님과 동등시하였다. 성령님은 실제 안디옥 교회에서 바나바와 사울을 따로 세우라고 말씀하셨고행 13:2 가르치시기도 하시며고전 3:13 허락하지 않기도 하시고행 16:7 근심하기도 하시며엡 4:30 우리를 기도로 도우시는롬 8:26 인격적인 분이다.

연약한 우리와 세상 끝날까지 함께 하시기 위해 이 땅에 오신 거룩한 성령님께서 믿는 자 누구에게나 한 가지 이상의 선물을 주시는데, 그것이 바로 성령의 은사다.

1. 성령의 역사

> 형제들아 신령한 것에 대해 나는 너희가 알지 못하기를 원하지 아니하노니 _고전 12:1

그리스도인들은 성령의 역사나 은사에 대해 잘 알아야 한다. 성령의 역사가 나타날 때마다 예수님이 주님으로서 높임을 받으신다 고전 12:3. 즉 예수님의 주되심과 탁월성이 성령의 역사를 통해 드러난다. 또한 성령의 역사로 개인의 삶이 바뀌고 성령의 열매가 맺혀진다.

> 오직 성령의 열매는 사랑과 희락과 화평과 오래 참음과 자비와 양선과 충성과 온유와 절제니 _갈 5:22

실제로 성령의 열매를 완전히 갖춘 사람이 지상에 있었는가? 오직 예수님 한 분뿐이다. 그래서 성령의 열매를 맺는다는 말을 달리 표현하면 예수님을 닮는다는 말이다.

> 하나님이 미리 아신 자들을 또한 그 아들의 형상을 본받게 하기 위하여 미리 정하셨으니 _롬 8:29

하나님의 형상을 본받는 것, 주님을 닮아가는 것이 성화의 과정이다. 성령의 역사를 통하여 삶이 바뀐다. 우리는 이전의 '나'가 아니라 전혀 다른 사람으로, 제 3의 인종인 그리스도인으로 바뀐 사람들이다.

오직 우리에게는 그리스도의 온유하고 겸손한 성품 외에는 다른 것이 있을 수 없다. '내가 원래 이런 걸 어떡해. 어쩔 수 없어.' 하는 태도는 성령님을 모독하는 행위다. 성령님의 능력을 어떻게 보는가? 성령님은 우리의 성품을 바꿀 수 있다. 성령은 우리의 삶을 통해서 여러 가지 열매를 맺어가게 하신다.

2. 성령의 은사

(1) 은사의 종류

성령의 은사란 그리스도의 몸을 세우기 위해 그리스도인에게 주어진, 하늘로부터 온 선물을 말한다.

성령님은 우리에게 여러 가지 은사를 주신다.

> 어떤 사람에게는 성령으로 말미암아 지혜의 말씀을, 어떤 사람에게는 같은 성령을 따라 지식의 말씀을, 다른 사람에게는 같은 성령으로 믿음을, 어떤 사람에게는 한 성령으로 병 고치는 은사를, 어떤 사람에게는 능력의 행함을, 어떤 사람에게는 예언함을, 어떤 사람에게는 영들 분별함을, 다른 사람에게는 각종 방언 말함을, 어떤 이에게는 방언들 통역함을 주시나니 _고전 12:8

위 말씀에는 9가지 은사가 소개되어 있다. 여기에 2가지, 서로 돕는 은사와 다스리는 은사가 더 들어간다.

> 하나님이 교회 중에 몇을 세우셨으니 첫째는 사도요 둘째는 선지자요 셋째는 교사요 그 다음은 능력을 행하는 자요 그 다음은 병 고치는 은사와 서로 돕는 것과 다스리는 것과 각종 방언을 말하는 것이라 _고전 12:28

또 로마서에서 보여주는 섬기는 것, 가르치는 것, 위로하는 것, 구제하는 것, 다스리는 것, 긍휼을 베푸는 것이 다 은사에 속한다.

> 우리에게 주신 은혜대로 받은 은사가 각각 다르니 혹 예언이면 믿음의 분수대로, 혹 섬기는 일이면 섬기는 일로 혹 가르치는 자면 가르치는 일로, 혹 위로하는 자면 위로하는 일로, 구제하는 자는 성실함으로, 다스리는 자는 부지런함으로, 긍휼을 베푸는 자는 즐거움으로 할 것이니라 롬 12:6-8

성경에는 모두 합해서 대략 15~20가지 정도의 은사가 나온다. 이외에도 더 있을 수 있지만 어떤 은사이든지 대부분 이 범주 안에 들어간다.

(2) 은사를 사모하라

은사는 삼위일체이신 하나님께로부터 온다. 그러나 동시에 우리 인간 편에서는 사모함이 요구된다 고전 12:31. 하나님이 100% 주권적으로 역사하시지만 인간 편에서는 은사를 받도록 간구해야 한다. "너희는 더 큰 은사를 사모하라" 고전 12:31 라는 명령은 공동체에게 주셨다. 단순히 '나는 이런 은사를 받고 싶다'가 아니라, '우리 공동체를 위해서 내가 어떤 은사를 받아야 할까?' 하는 자세로 간구해야 한다.

그리스도인이라면 누구에게나 은사가 주어진다.

> 몸은 하나인데 많은 지체가 있고 몸의 지체가 많으나 한 몸임과 같

> 이 그리스도도 그러하니라_고전 12:12

바울 사도는 우리를 그리스도의 지체로서 몸에 비유하여 말하고 있다. 누구에게나 눈과 코, 입 그리고 손과 발이 있다. 기능이 없는 지체는 하나도 없다. 마찬가지로 우리는 그리스도 몸의 지체이기 때문에 누구나 한 가지 이상의 은사를 갖고 있다. 베드로 사도는 "각각 받은 대로 선한 청지기같이 봉사하라"벧전 4:10고 권면했다. 이 말씀을 통해 각자에게 다 은사가 있음을 알 수 있다. 경우에 따라서 두세 가지 혹은 여러 가지 은사를 갖고 있는 사람도 있다.

"저는 제 은사를 잘 모르겠는데요?"

자기 은사를 아직 잘 모른다는 것은 영적으로 어린 단계에 있다는 반증이다. 자기의 은사를 찾아내는 것은 자기 책임이다. 영적으로 깨어서 하나님께 물어야 한다.

"하나님, 제게 어떤 은사가 있습니까?"

은사는 공동체 안에 속해 있을 때 발견할 수 있다. 함께 지내다 보면 자기가 어떤 것을 잘 하는지 알 수 있기 때문이다. 그리스도 안에서 굉장히 좋아하는 것, 그 일을 하면 즐거운 것, 남들은 어렵고 힘들다고 하는데 자기는 쉽게 할 수 있는 것, 그리고 열매가 있는 것 등이 자신의 은사일 가능성이 많다. 아직 자신의 은사를 발견하지 못했다면 알 때까지 노력하라. 성경을 묵상하고 신앙 서적을 읽고 신앙 선배의 이야기도 들어보아야 한다. 공동체를 섬기면서 은사를 발견해보라. 은사는 결코 신비로운 것이 아니다. 지체를 섬기는 것, 사람을 격려하고 세우며 권면하는 것, 모두가 다 은사에 속한다.

(3) 은사의 목적

은사는 한 개인이 아니라 공동체의 상호 유익을 위해 주어진다. 그리스도의 몸을 세우기 위해 하나님이 한 사람에게 다 주지 않고 모든 사람에게 골고루 나누어 주신다. 서로를 필요로 하고 의지하게 하기 위함이다. 또 서로 다른 은사로 공동체를 섬기도록 다양한 은사를 허락하신다. 상호 유익을 위한 것임을 알아야 한다 고전 12:7.

이런 은사의 목적을 모르고 무턱대고 "방언 받게 해주십시오." 라고 기도하는 사람들이 있다. 왜 방언을 받으려는가? 은사는 그 자체보다 은사의 사용 목적이 더 중요하다. 바울 사도는 고린도전서 12장 8절부터 은사에 대해 설명하기에 앞서 먼저 은사는 다른 사람을 유익하게 하기 위한 것 고전 12:7 임을 밝히고 있다.

각 지체의 여러 기능이 있어 몸이 움직이는 것처럼, 그리스도의 몸을 세우기 위해서는 한 공동체 안에서 은사가 다양하게 사용되어야 한다. 이것이 가장 중요하다. 이 사실을 알 때 은사에 대해 바른 접근을 할 수 있다. 그렇지 않으면 은사를 자꾸 신비로운 차원으로 해석해 무엇인가 자신에게 유익한 목적으로 구하게 된다. 그렇게 되면 잘못된 방향으로 나아가기 쉽다. 은사는 공동체를 세우는 데 사용되는 것임을 잊지 말아야 할 것이다.

예를 들어, 2차 대전이 일어났을 때 연합군이 독일에 있는 한 다리를 폭파하는 임무를 맡았다고 하자. 공급로 역할을 하는 중요한 다리를 어떻게 폭파할 것인가? 연합군에서 7인의 특공대를 보낸다면, 일단 다이너마이트를 조작해서 터뜨리는 폭약 전문가가 필요하고 그 다리까지 들어가기 위한 헬리콥터 조종사도 있어야 한다. 가면서 암호를 계속 송신해야 하므로 암호 해독 전문가도 필요하다. 이외에도 독일군 군복을 입고 변장해서 적지에 침투할 독일어 능통자도 있어야 한다. 여권이나 신분증 위조를 완벽하게 하고 무기를 잘 다룰 수 있는 사람도 필요하다. 가까운 거리에 있는 사람을 실수하지 않고 죽일 수 있는 칼의 명수와 팀 전체를 이끄는 배짱이 두둑하고 기지가 있는 대장도 필요하다. 대장은 리더십을 잘 발휘하여 팀을 이끌고 가서 그 작전을 성공시키고 돌아올 수 있어야 할 것이다. 특별한 임무를 수행하기 위해서는 한 팀 안에 다양한 역할을 감당할 사람들이 필요하다. 만일 7명 모두가 칼만 잘 던진다든지, 헬리콥터 운전만 잘 할 수 있다면 어떻게 다리를 폭파하겠는가?

마찬가지로 주의 몸이 온전해지기 위해 하나님은 은사를 다양하고도 각기 다르게 주셨다. 따라서 자기 은사를 알고 그에 맞춰 공동체를 섬기거나 장래를 결정하도록 해야 할 것이다. 남들이 방언을 하니까 단순한 영적 호기심으로 "나도 방언을 주십시오." 한다든지, "예언의 은사를 주십시오." 하는 것은 바로 9천조의 죄성을 지니고 있는 이기적인 인간의 모습이다.

우리 인간은 늘 자기 생각만 하는 존재다. 틈만 나면 교만하고 음란하며 이기적인 성향이 고개를 든다. 이러한 죄성은 없어지지 않고 일생 우리와 함께 한다. 전날 아무리 신앙생활을 잘했어도 그 다음날 경건의 시간(QT)을 갖지 않으면 소용없다. 은사는 내가 아니라 다른 사람을 세우기 위한 것임을 깊이 깨달은 사람은 신앙의 다음 단계로 나아갈 자격이 있다.

(4) 은사의 다양성

> 어떤 사람에게는 성령으로 말미암아 지혜의 말씀을, 어떤 사람에게는 같은 성령을 따라 지식의 말씀을_고전 12:8

지혜와 지식을 어떻게 구분하는가?
지식은 하나님이 주신 말씀에 대한 깨달음과 초자연적인 앎이고, 지혜는 그 지식을 하나님 뜻에 맞게 실제 적용하는 것을 의미한다. 지식은 공부해서 얻어지는 것이 아니고 은사로, 혹은 초자연적으로 주어진다. 아나니아와 삽비라가 땅값 일부를 감춘 것을 베드로가 어떻게 알았을까? 위로부터 온 초자연적인 지식으로 맞출 수 있었다.

바울의 경우 고린도의 어린 신자를 실족케 할까봐 영원히 고기를 먹지 않겠다고 결정했는데_고전 8:13 이런 것이 지혜에 속한다. 오늘날 한국교회에 이런 지혜로운 사람이 많이 필요하다. 무엇보다 지혜를 얻는 것이 가장 중요하다.

> 다른 사람에게는 같은 성령으로 믿음을_고전 12:9

이것은 그리스도인들에게 주시는 말씀인데, 이 믿음은 능력이 나타나는 믿음을 의미한다. 엘리야가 3년 6개월 동안 비가 오지 않도록 기도한 것, 조지 뮬러가 5만 번 기도의 응답을 받은 것 등이 바로 역사를 일으키는 믿음이다.

> 어떤 사람에게는 한 성령으로 병 고치는 은사를_고전 12:9

바울 당시 공동체의 많은 사람들에게 병 고치는 은사가 있었다. 사실 오늘날도 병 고치는 은사를 받은 사람들이 있지만, 대부분 하나님을 온전히 의뢰하는 신실한 그리스도인 의사들이 이 부분을 대행한다고 볼 수 있다.

> 어떤 사람에게는 능력 행함을_고전 12:10

능력 행함이라는 은사는 고난을 잘 극복하는 것을 의미한다. 굉장히 어려운 상황 가운데서 역경을 이기며 잘 견디는 은사다. 특별히 초대 교회에 많이 필요했던 은사였고 오늘날 북한 성도들에게 필요한 은사다.

> 어떤 사람에게는 예언함을_고전 12:10

성경에서의 예언은 '네가 앞으로 이렇게 될 것이다', '거기로 이사 가라'는 식이 아니다. 원래 구약의 예언자들은, '과거에 그들에게 주신 하나님의 말씀을 현재 순종하지 않으므로 이대로 불순종하면 미래에 형벌이 있을 것'이라며 하나님 말씀에 의지한 예언을 했다. 구약의 예언자들은 말씀을 맡은 자로서 그 말씀에 의거하여 "너희가 하나님 말씀을 듣지 않으면 이 나라가 망한다."와 같은 예언을 했다. 따라서 오늘날 건전하지 않은 기도원에서 성경 말씀 한두 구절을 주며 예언하는 것을 조심해야 한다. 왜냐하면 예언의 기능은 오늘날 말씀을 갖고 하나님의 뜻을 풀어 선포하는 설교자가 담당하고 있기 때문이다.

> 어떤 사람들에게는 영들 분별함을, 다른 사람에게는 각종 방언 말함을, 어떤 사람에게는 방언들 통역함을 주시나니_고전 12:10

방언과 방언 통역의 은사, 영들 분별의 은사가 있다. 은사를 언급하려 하면 이상하게 방언과 예언, 병 고침이 너무 많이 강조되는데 이는 균형을 잃은 태도다. 은사에 대해서 바로 알고 공동체의 유익을 위해 잘 사용해야 할 것이다.

3. 성경적 방언

(1) 방언이란 무엇인가?

1) 방언은 언어다

① 오순절에 성도들이 모였을 때 성령이 임하셨고 성령이 말하게 하심을 따라 다른 언어들로 말하기를 시작했다 행 2:4. 그때 경건한 유대인

들이 동서남북 각국에서 왔다가 큰 무리가 모여 각각 자기 방언으로 제자들이 말하는 것을 듣고 소동하며 놀랐다6, 7절.

"우리 각 사람이 난곳 방언으로 듣게 되는 것이 어찌됨이냐"8절.

"각 언어로 하나님의 큰 일을 말함을 듣는도다"11절.

② 사도 베드로가 말할 때 고넬료일가와 가까운 그의 친구도 방언을 말해 하나님 높인 것을 사람들이 들었다행 10:45,46.

그러므로 방언은 의미없는 소리의 집합이 아니라 의미를 전달하는 언어임을 분명히 알아야 한다.

2) 방언의 기능과 한계 고전 14장

① 방언하는 자는 마땅히 통역하기를 구하라고 성경은 말씀하신다고전 14:13. 왜냐하면 다른 사람이 알아듣지 못하면 덕이 안되기 때문이고, 본인도 역시 무슨 뜻인지 모르기 때문에 영적인 면은 도움이 되지만 그 마음은 열매를 맺지 못하기 때문이다14절.

② 또한 방언의 기능 중 하나는 불순종하는 자를 위한 표적으로22절 주는 것이기 때문에 믿지 않는 자들이 듣고 미쳤다고 한다23절.

③ 그러므로 방언을 하되 통역이 꼭 있을 때 하고 27절 만일 통역하는 자가 없다면 교회에서는 잠잠하고 자기 골방에서 해야 한다 28절.

(2) 방언의 실제

1) 먼저 자기가 방언의 은사를 받았는지 확인하라

① 자기 방언을 들어보라.

MP3를 이용해 녹음한 후 기도가 끝나고 차분히 들어봤을 때 무슨 뜻인지는 몰라도 분명히 언어 같아야 한다. 주위 사람들도 언어처럼 들린다고 하면 안심할 수 있으나 그렇지 않을 때에는 조심해야 한다.

이전에 TV 인기 개그 프로그램에서 자칭 사바나추장이라 하면서 엉터리 주문을 외우던 개그맨이 있었다. 그가 아무 뜻없는 소리를 빠른 템포로 반복하면 그럴듯한 주문처럼 들려 많은 사람이 따라하곤 했다. 자칫 방언이라 하여 그 사람처럼 의미없는 소리를 반복하는 것은 아닌지 살펴 보아야 한다.

② 가장 좋은 것은 통역의 은사도 함께 받는 것이다 고전 14:13. 그러면 안심할 수 있다. 통역이 되면 분명 성령님의 은사인 방언이다.

③ 혹 방언을 받았는데도 꽤 오랫동안 통역이 없을 때에는 조심해야 한다.

이럴 경우 2가지 가능성이 있다고 보아야 한다.

첫째는 아직 통역의 은사가 주어지지 않은 경우다.

둘째는 애당초 성령의 은사로서의 방언이 아닌 그냥 내는 소리다. 하나님도 그 뜻을 해석할 수 없는 경우다. 나름대로 6개월 정도 통역의 은사를 구하다가 안되면 방언이 아닐 가능성이 있으므로 그 방언은 골방에서만 하거나 아니면 그냥 한국어로 기도하는 것이 훨씬 지혜로운 처신이다.

2) 방언을 배운다고?

성경에서 방언은 삼위일체 하나님께서 주권적으로 주시는 은사라고 가르친다고전 12:10, 12:30. 은사는 배워서 얻어지지 않는다. 우리 말은 학습을 통해서 숙달되나 은사는 하늘로부터 주어지는 것으로, 초대교회는 바로 성령이 말하게 하심을 따라 다른 언어로 말했던 것이다행 2:4.

3) 대적기도?

하나님께 기도하다말고 갑자기 "마귀는 물러갈찌어다"라고 외치는 사람들이 있다. 기도 중에 마귀를 쫓는 것인데, 아주 특별한 경우가 아니면 마귀는 그리스도인에게 직접 나타나지 않는다. 대신 마귀는 친구를 통해 유혹하고 성적 충동을 일으키고 욕심을 일으켜 사람들로 하여금 죄짓도록 만든다. 괜히 나타났다가 우리가 두려워서 더 하나님을 의지할지도 모르는데 마귀가 굳이 왜 나타나겠는가? 그리고 감히 하나님의 자녀에게 그렇게 자주 나타날 수 있는가? 더군다나 하나님과 기도 중이라면 가장 힘있을 때인데 진정으로 기도하는 중에 마귀가 인격체로 나타났는지 묻고 싶다. 혹 기도 중에 잡념이 떠오르거나 집중이 안될 때 "마귀야 물러가라"고 외치는 것이 아닌지 의심이 든다.

물론 우리가 귀신들린 사람을 만났을 때는 예수님의 이름으로 마귀를 물러가게 해야 한다. 이것은 기독교인이라면 누구나 마땅히 해야할 일이다. 다만 하나님 면전에서 기도하던 중에 "마귀는 물러갈찌어다" 하고 귀신을 쫓는 행위는 삼가야 할 것이다.

기도 중에 집중이 잘 안되거나 이상한 생각, 잡념이 자꾸 떠오르면 그것은 평소 경건의 연습이 안된 증거로 알고 세상 일에 너무 분주하게 마음을 빼앗긴 채 살지 않도록 차분하게 말씀을 보며 경건의 연습을 해야 한다. 단순한 마음가짐과 주님을 향한 뜨거운 마음을 갖고, 기도하기 전에 하나님과 대화할 준비를 충분히 하고서 기도해야 한다.

4. 자체 의식

(1) 열등의식의 극복

> 몸은 한 지체뿐만 아니요 여럿이니 만일 발이 이르되 나는 손이 아니니 몸에 붙지 아니하였다 할지라도 이로써 몸에 붙지 아니한 것이 아니요 _고전 12:14,15_

공동체에 주님의 뜻이 드러나도록 주님을 위해 모든 재능을 쓰려고 할 때 이 재능은 다 은사에 속한다. 그런 의미에서 우리는 각자 받은 은사가 다르다. 어떤 사람은 손이지만 어떤 사람은 발이 될 수 있다. 기능적으로 볼 때 별로 드러나는 은사를 갖지 못한 사람도 있다. 자라온 환경이 힘들었거나 재능이 부족하여 자기는 공동체에 별로 필요없는 사람처럼 여겨질 수도 있다. 특별한 재능을 갖고 공동체를 섬기는 사람에 비해 도무지 재주가 없는 것 같은 사람에 대해 성경은 '발'이라고 지칭한다.

어느 날 발이 한탄한다. '나는 이게 뭐야. 세상 구경도 못 하고 신발 속에 들어가서 힘든 길을 걸어다니기만 해. 한참 다니다 보면 사람들이 발 냄새 난다고 하지. 그런데 손은 사람들과 악수도 하고 피아노도 치

"손만 있어도 돼! 아니야, 눈이 최고라구! 흥, 입만 살았군!"

고 서예, 그림 그리기 뭐든지 다 하네.' 발이 공동체 내에서의 자신을 생각해본다. '나 같은 사람이 무슨 일을 하겠어? 다른 사람은 저렇게 학벌도 좋고, 능력도 많고, 집안도 좋은데.' 그렇다고 발이 몸에 붙지 않은 것이 아닌 것처럼, 그리스도 안에서 발은 꼭 필요한 존재다.

> 또 귀가 이르되 나는 눈이 아니니 몸에 붙지 아니하였다 할지라도 이로써 몸에 붙지 아니한 것이 아니니 _고전 12:16

귀가 말했다. "나는 뭐야. 넓적하기만 한 것이 옆에 딱 붙어 있으니. 눈은 세상에서 일어나는 재미있는 것은 혼자 다 보고, 연인들도 마주 앉아 '오! 그대 눈은 가을 호수처럼 맑고' 하면서 눈을 쳐다 보는데, '귀가 넓적해서 매력적'이라고 말하는 경우는 없지 않은가? 나 같은 사람이 무슨 소용이 있을까?" 그렇다고 귀가 몸에 붙지 않은 것이 아닌 것처럼 그리스도 안에서는 귀 또한 귀중한 지체다.

> 만일 온몸이 눈이면 듣는 곳은 어디며 _고전 12:17

눈의 기능은 매우 중요하다. 눈은 지도자의 역할일지 모른다. 그러나 만약에 온몸이 눈으로 되어 있다고 상상해보라. 걷지도 못하고 듣지도 못하면서 보기만 잘 할 것이다. 전후좌우로 다 볼 수 있지만 그것은 몸이 아니다. 온전한 사람이 될 수 없다.

하등 동물은 기능이 한두 가지 밖에 없지만 고등 동물일수록 기능이

다양하게 분화되는 것처럼 교회 공동체도 마찬가지다. 온몸이 눈이면 듣는 곳은 어디이며 온몸이 듣는 곳이면 냄새 맡는 곳은 어디겠는가? '나는 별 볼일 없어. 남들만큼 공부도 못했고 집에서 인정도 못받고 외모도 별로야. 나 같은 사람이 이 공동체에 무슨 소용이 있겠어?' 이런 열등 의식을 갖고 있다면 다음 본문을 깊이 묵상해보라.

> 그러나 이제 하나님이 그 원하시는 대로 지체를 각각 몸에 두셨으니
> _고전 12:18

여기에는 하나님의 의도가 있다. 왜 가난한 집안에서 태어났고, 왜 외모가 좋지 않으며, 왜 별 재능이 없는가? 하나님이 원했기 때문이다. 이유는 잘 모르지만 하나님이 지체를 각각 몸에 두셨다고 했다. 하나님이 계획을 갖고 계시다. 하나님은 우리 한 사람 한 사람에 대해서 관심이 있으시다. 하나님은 왠지 나에게 별로 관심이 없을 거라는 생각이 든다면 그것은 어디까지나 본인 생각이다.

하나님은 우리를 대단히 사랑하신다고 했다. 우리를 특별히 사랑하신다. 한 명도 예외가 없다. 지금보다 더 형편없고 더 뺀질뺀질한 사람이 된다 해도 하나님은 우리를 무척이나 사랑하신다. 우리 한 사람, 한 사람에게 관심을 두고 계신다.

> 내 양은 내 음성을 들으며 나는 그들을 알며 그들은 나를 따르느니라_요 10:27

하나님은 우리를 잘 알고 계신다. 왜 그런 가정에서 태어나야 했으며 현재 어떤 상태에 처해 있는지 다 알고 계신다. 여기에는 하나님의 분명한 의도가 있다.

그런데 우리는 순간순간 주위 사람들과 비교한다. '나도 한번 저런 대학에 다녀봤으면, 나도 한번 저런 성격을 가져 봤으면, 키가 더 컸으면, 피부가 하얗다면, 말 좀 잘해봤으면…' '왜 우리 집안은 이렇게 가난할까? 왜 부모님이 이혼했을까? 나는 왜 농구도 못하고 기타도 못 치나?' 자꾸 열등의식에 빠진다. 그러나 하나님이 원하시는 대로 우리를 두셨기 때문에 이것을 믿고 일어나야 한다.

비록 말솜씨가 없고 운동을 못하고 외모나 성격, 능력이나 학벌 등 모든 것이 부족하다 할지라도 남과 비교해서는 안 된다. 하나님이 그렇게 허락하셨기 때문에 족하게 여겨야 한다. 열등의식을 가져서는 안 된다. 하나님의 의도가 있는 것이니 그 상황을 인정하고 우리가 할 본분만 최선을 다해 감당하면 된다.

> 그뿐 아니라 더 약하게 보이는 몸의 지체가 도리어 요긴하고 우리가 몸의 덜 귀히 여기는 그것들을 더욱 귀한 것들로 입혀 주며 우리의 아름답지 못한 지체는 더욱 아름다운 것을 얻느니라_고전 12:22, 23

보통 눈이 작으면 쌍꺼풀 수술을 하여 눈을 커 보이게 하려 하지 않는가? 이렇듯 약해보이는 지체에게는 귀한 것이 더해진다.

> 우리의 아름다운 지체는 그럴 필요가 없느니라 오직 하나님이 몸을
> 고르게 하여 부족한 지체에게 존귀를 더하사 _고전 12:24

혹시 가정이 어렵거나 능력이 별로 없다고 생각하는 사람들에게 주신 약속은 '존귀함' 이다. 이것은 일류 대학을 나오고 집안이 좋고 능력이 많고 외모가 뛰어난 사람에게서는 찾기 어려운 것이다. 남들에게 별로 인정받지 못하고 가정도 어렵고 못생기고 키도 작지만 열등 의식에 빠지지 않고 하나님을 의뢰하면서 역경을 딛고 나간 사람에게는 존귀함이 있다. 그것은 '존귀를 더하시겠다' 는 하나님의 약속이다. 자꾸 열등의식에 빠지려고 하는가? 그 약속을 믿어야 한다.

보통 부모 마음이 그렇지 않은가? 10명의 자식 중에 9명은 모두 공부도 잘하고 건강한데 한 명만 공부 못하고 몸이 허약하면 그 아이에게 더 신경을 쓰지 않겠는가? 보약도 해주고 학교 선생님도 찾아가서, "얘가 원래는 공부를 잘 했는데 몸이 약해서…"라고 상담하면서 늘 더 관심을 갖고 보살핀다. 마찬가지로 하나님께서 부족한 자에게 존귀함을 더해 주시므로 그리스도인에게 더 이상 열등의식은 있을 수 없다.

(2) 우월의식의 포기

주의 몸을 세우는 공동체에서 자기가 잘났다고 생각하는 사람이 있다. 그런 사람은 자신이 별로 부족하지 않다고 생각하며 항상 인정받기를 원한다.

자기보다 학벌이 낮은 사람을 나보다 낫다고 인정하는 것은 어려운 일이다. 그러나 남보다 자신이 낫다고 여기는 사람에게 하나님은, "너, 다른 사람들 무시하지 마라. 어디를 봐서 네가 잘났다고 생각하느냐?"고 책망하신다. "네가 잘나서 그런 것이냐? 다 내가 준 것인데. 좋은 머리를 주고 좋은 가정을 주었으니 그렇게 된 것 아니냐? 내 것을 가지고 다른 사람을 판단하거나 똑똑한 척하지 말라."는 것이 하나님의 음성이다.

> 눈이 손더러 내가 너를 쓸데가 없다 하거나 또한 머리가 발더러
> 내가 너를 쓸데가 없다 하거나 하지 못하리라_고전 12:21

왜냐하면 쓸데 없다고 무시받는 그 사람을 하나님이 허락하셨기 때문이다. 하나님께서는 그 사람에 대한 계획을 갖고 계시다. 따라서 우월의식이나 엘리트 의식은 아주 비성경적일 뿐만 아니라 반성경적이다. 우월의식을 깨게 해달라고 매일 간구해야 한다. 그리고 감사하는 태도를 가져야 한다. 훌륭한 명문 대학이나 대기업에 다니는 것을 감사하는 것은 좋지만 이것이 자기와 남을 비교하고 판단하는 기준이 되어서는 안 된다. 눈이라는 좋은 기능을 갖고 있어도 몸에서 떨어지면 아무 쓸모 없듯이 아무리 유능하더라도 주님의 몸에서 떨어져 나가면 아무 것도 아니다.

(3) 한 몸

모든 조건이 다 좋을 수는 없다. 다 나름대로 고민이 있고 부족한 점

이 있기 마련이다. 그렇기 때문에 우리는 남과 비교할 것이 아니라 주님과 비교해서 온전해지려고 날마다 노력해야 한다. 자신이 부족하다고 느껴 늘 하나님께 기도하고 울부짖으면서 어려움을 호소하는 사람의 삶에는 놀랍게도 빛나는 진주, 존귀함이 있다. 박사 학위를 세 개나 받은 소위 잘난 사람, 사회적 지위가 높은 사람들 중에는 차갑고 냉랭한 사람이 많다. 이런 사람들은 대하기 불편하고 다가가기도 쉽지 않다. 차라리 소박하게 살아가는 사람들에게서 삶의 깊이가 느껴지고 가까이 하고 싶은 편안함이 묻어 나온다.

신앙인들은 올바로 신앙생활만 하면 존귀함을 갖출 수 있다. 어느 쪽이 좋겠는가? 세상에서 인정받는 편이 낫겠는가, 아니면 가진 것 없고 못생겨도 존귀한 편이 낫겠는가? 그리스도인은 빛나는 인격과 존귀함을 얻을 수 있어야 한다.

1) 서로 돌봄

> 몸 가운데서 분쟁이 없고 오직 여러 지체가 서로 같이 돌보게 하셨느니라 _고전 12:25_

교회 공동체에는 좋은 조건을 갖춘 능력 있는 사람이 있는가하면 좋지 못한 조건을 가진 사람도 섞여 있다. 중요한 것은 서로 돌아보아 분쟁이 없어야 한다는 점이다. 신앙이 성숙한 사람이 신앙이 없는 사람에게 맞춰주게 되어 있다. '유대인은 유대인에게, 헬라인은 헬라인에게'

식이다. 예를 들어 설사가 났을 때 아이스크림을 먹고 싶어도 위가 안 된다고 하면 혀가 아이스크림을 포기해야 하는 것처럼, 신앙이 성숙한 사람이 어린 자에게 맞춰야 한다. 성숙한 그리스도인은 주님을 닮아갈수록 자신을 감추고 남을 위해 산다.

여러분은 현재 좋은 조건을 가지고 있는가? 그 조건은 남을 위해 사용하라고 하나님이 주신 것이다. 교만하여 그 능력을 자기의 것으로 생각하고 자기를 위해 살면 그때부터 은혜가 끊긴다. 교만은 패망의 선봉이다. 좋은 조건이 불리할 수 있다. 오히려 조건이 좋지 않아 낮아짐으로 존귀함을 획득할 수 있다.

아무튼 좋은 조건을 주셨다면 감사하라. 그리고 다른 사람을 위해 사용하라. 그럴 때 공동체가 온전한 몸을 이룰 뿐 아니라 분쟁도 일어나지 않는다.

2) 고통 참여

한 지체가 고통을 받으면 모든 지체가 고통을 받는다 고전 12:26.

만일 축구를 하다가 다리를 삐어 깁스를 했다면 누워 있어야 한다. 다리가 누워 있는 것은 마땅하지만 머리는 왜 누워 있어야 하는가? 돌아다니고 싶지만 다리에 깁스를 했으니까 누워 있어야 한다. 또 위가 나빠 주사를 맞아야 한다고 해서 직접 위에다 대고 주사를 놓는가? 아니다. 애꿎은 팔이나 엉덩이에 놓는다. 엉덩이는 아프지도 않은데 주사를 맞아야 한다. 서로 고통을 함께 받는 것이다.

몸의 구조처럼 공동체의 구조도 마찬가지다. 어려움이 생길 때 '그 사람이 얼마나 힘들까?'를 생각하며 서로 고통을 나누어야 한다.

어느 교회에서는 감사 헌금에 제목을 써내면 목사님이 꼭 읽어 준다. 입시철만 되면 "우리 아들 어느 대학에 들어가서 감사합니다"는 제목이 성도들 앞에 읽혀진다. 성도의 자녀 중에는 대학에 떨어져 위로를 얻으려는 사람들도 있을 텐데 왜 남을 좀더 배려하지 못하는지 참 마음 아픈 일이다. 감사하는 것은 좋다. 그렇다면 이름없이, 제목없이 헌금내도 되지 않는가?

또 청년부에는 집안이 어려워 고등학교를 졸업하고 바로 직장에 다니는 사람이 있는데 그 사람 앞에서 대학에서 미팅한 이야기나 대학의 낭만을 떠들어댄다면, 그것 또한 남을 돌아보지 않는 태도다. 오늘날에는 더욱 다른 사람을 배려하는 지체 의식이 요구된다.

3) 영광 참여

반대로 한 지체가 영광을 얻으면 모든 지체가 함께 즐거워하게 되어 있다 고전 12:26.

차범근 씨가 축구 선수로 활약하던 때의 일이다. 한번은 우리나라 대표팀과 외국팀이 결승 경기를 했는데 우리 팀이 3 대 0으로 지고 있었다. 그때 후반전 10분을 남기고 갑자기 차범근 선수가 한 골을 넣었고 조금 있다가 다시 한 골을 넣었다. 스코어는 3 대 2, 시간이 얼마 남지 않은 상황에서 마지막 한 골을 더 넣어 공동 우승을 했다. 다음날 신문에 차범근 선수의 사진이 크게 실렸다. 그런데 사진에는 정작 차 선수의 발만이 아닌 몸 전체, 특히 얼굴이 크게 실린 것이 아닌가?

한 지체가 영광을 받을 때 모든 지체가 기쁨을 함께 한다. 만일 공동체에서 누군가가 고시에 합격했다고 하자. 그럴 때 함께 즐거워할 수 있어야 한다. 주위의 형제나 자매 중에 굉장히 좋은 조건에 놓여 있는 사람이 있다면 그를 부러워할 것이 아니라 오히려 감사해야 한다. 예를 들어, 어떤 형제가 있는데 어느 날 형이 나타나서 동생에게 "우리 아빠 이번에 국회의원 됐다."하고 자랑한다면 동생은 "어, 형의 아빠는 국회의원이구나."하고 부러워하는가? 아니다. 아버지가 국회의원된 것이 둘 다에게 영광이 된다.

반대로 어떤 사람에게 어려운 일이 있다면 함께 슬퍼할 수 있어야 한다. 공동체는 자기를 드러내기 위한 곳이 아니다. 예를 들어 취업이 아직 안 되었다고 해서 공동체에 나오지 못하는 일이 있어서는 안 된다. '내가 좋은 직장에 들어가면 그때 나와야지.' 하는 자세라면 공동체에 나올 필요가 없다. 전에 어떤 형제가 대기업에 다니다가 몸이 아파서 그만두게 되었다. 회장이 청년부 모임에 나오라고 권유하니까 "지금은 실업자이니 나중에 잘 되면 나가겠다"고 답했다. 그러자 회장은 지금 안 나온다면 나중에 잘 되어도 나오지 말라고 했다. 교회 모임이 서로 자랑하는 모임인가? 오히려 어려운 상황을 나누고 함께 기도할 수 있어야 그리스도 안에서 참 형제, 자매가 아닌가?

또 이런 경우도 있다. 고시 공부 한다는 사실을 숨기고 있다가 시험에 합격하면 "나 고시 공부 해서 합격 됐어."하고 밝히고, 떨어지면 시험 보지 않은 척한다. 이것이 공동체 안의 형제, 자매의 모습인가? 고시 공부하는 것이 하나님의 뜻이라고 생각한다면 주 안에서 형제된 사람들에게 기도 부탁도 할 수 있어야 한다.

> 너희는 그리스도의 몸이요 지체의 각 부분이라 _고전 12:27_

이런 의식으로 공동체를 바라보아야 한다. 분명한 것은 우리가 그리스도의 몸이며 개인이 아니라는 점이다. 개별적으로 자기 혼자 잘난 것은 의미가 없다. 함께 잘 되어야 한다. 자기의 은사를 썩히는 것은 결국 그리스도의 몸을 빛나게 하지 못하는 것이다.

은사가 많은데 대학이나 직장에 들어가서 방탕하게 산다면, 이는 공동체 안에서 자기 역할을 제대로 하지 않아 공동체를 멍들게 하는 것이다. 단지 하나님 앞에 죄 짓는 것일 뿐 아니라 형제, 자매들에게 피해를 주는 것이다. 이제 마땅히 성숙해서 남을 도와야 하는데도 여전히 어린 신앙에 안주해 있다면 그만큼 다른 사람들에게 손해를 끼치고 있음을 기억해야 한다. 우리는 그리스도의 몸이고 지체의 각 부분임을 명심하라.

나에게 정말 지체 의식이 있는가? 한 개인이 죄를 짓는 것은 개인의 문제일뿐 아니라 공동체를 파괴하는 일임을 알아야 한다. 또한 우리가 어떤 은사를 가졌든지, 어떠한 역할을 하든지 우리는 한 몸이라는 사실을 잊어서는 안 된다. 이것이 바로 지체 의식이다.

> 몸은 하나인데 많은 지체가 있고 몸의 지체가 많으나 한 몸임과 같이 그리스도도 그러하니라 우리가 유대인이나 헬라인이나 종이나

자유인이나 다 한 성령으로 세례를 받아 한 몸이 되었고 또 다 한 성령을 마시게 하셨느니라_고전 12:12,13

(4) 섬김의 도구

은사는 신비한 것이 아니다. 은사는 공동체를 세우기 위해 각자에게 주어진 재능이며 이것으로 다른 사람을 섬길 수 있다. 우리는 고린도전서 12장을 통해 내가 받은 은사를 공동체와 한국 교계를 위해 어떻게 사용할지 생각해야 한다. 그러기 위해서는 자신에게 주어진 은사를 발견하고 그것을 올바로 사용해야 한다. 은사를 감추어놓고 실컷 노는 사람이 있는데 그런 사람은 하나님께 다시 빼앗긴다.

그에게서 그 한 달란트를 빼앗아 열 달란트 가진 자에게 주라_마 25:28

사용하지 않으면 더 사용하는 사람들에게 주겠다고 말씀하신다. 은사를 사용하지 않는 자는 다 빼앗겨 나중에는 쓸모없어진다. 그러나 주님을 위해 열심히 일하면 현재의 은사보다 더 많은 은사를 허락하신다.

나를 떠나서는 너희가 아무것도 할 수 없음이라_요 15:5

주님을 떠나도 할 일은 많을 것 같은데 왜 아무것도 할 수 없다고 하시는가? 열매가 없다는 말씀이다. 바쁘게 움직이지만 나중에 인생을 계산할 때 남는 것이 없다는 의미다. 그리스도인은 신앙 안에 깊이 들어갈 때 진짜 보화를 발견한다. 그런데 자꾸 세상에 마음이 쏠려 있으니 보화를 찾는 일에서 점점 거리가 벌어질 수 밖에 없다.

혹시 자신에게 주어진 조건이 너무 열악한가? 가난하고 부모님의 관계도 좋지 않으며 보잘 것 없는 외모에 말재주까지 없는가? '하나님이 조금만 더 나은 조건을 주셨으면 얼마나 좋을까?' 라는 생각을 하는가? 그러나 현 위치가 바로 하나님이 원하시는 자리다. 그 자리에서 우리는 하나님을 잘 섬김으로 존귀함을 얻을 수 있다.

이제 그리스도인들에게는 더 이상 열등의식도, 우월의식도 존재할 수 없다. 왜냐하면 자기 자신은 더 이상 자기 것이 아니기 때문이다. 내게 있는 모든 것은 주님이 주신 것이고 나는 주님의 것인데 어떻게 우월의식을 가질 수 있겠는가? 공부를 잘한다면 그것은 주님께서 명석한 두뇌와 집중력을 주셨기 때문이다. 주님이 주신 것을 가지고 내가 생색을 내서는 안된다. 오직 지금 자신에게 주어진 것을 가지고 형제, 자매를 섬기면서 일생 동안 한국 교회를 위해, 자신이 속한 공동체를 위해 섬기는 사람이 되어야 한다.

맺음말
주님을 위해 깨어나라

나는 원래 모태신앙인인데 대학에 들어가면서부터 더욱 신앙에 회의를 갖게 되었다.

하루 종일 어영부영 지내다가 밤이 되면 자고, 해가 떠서 아침이 되면 또 하루를 살고…. 사는 것이 너무 허무하게 느껴졌다. 그래서 매일 술을 마시고 포커를 치며 살았다. 그러면서도 내 마음속에는, '나도 언젠가 때가 되면 주님을 잘 섬길 것'이라는 생각이 막연하게 있었다. 내게 도전이 되는 성경 말씀은 '뜨겁든지 차든지 하라'였다. 나는 이 말씀에 거스르는 미지근한 상태였지만 거기에서 헤어날 뾰족한 수가 없었다.

한 번은 친구가 한국기독학생회(IVF)에서 주최하는 수련회에 가자고 권했다. 막 교회 수련회에 다녀온 후라 나는 갈 마음이 없었다. 그 친구는 처음에 내가 전도했던 친구인데 IVF를 통해 많이 변화되어 있었다. 그의 끈질긴 권유로 결국은 수련회에 함께 참석하게 되었다. 내용은 교회 수련회와 거의 비슷했지만 나는 그 수련회를 통해 강한 도전을 받았다.

그 전까지 나는 신앙 좋은 사람을 거의 만나지 못했다. 우리 교회 청년들 중에 내가 제일 신앙 좋다는 평을 받고 있었으니 무슨 말을 더하랴. 그런데 그 수련회에 가보니 내 또래의 청년, 대학생들이 나와 너무 달랐다. 나는 매일 혼자 헤매거나 세상 친구들과 어울려 술 먹고 포커를 치면서 지냈는데, 그들은 '어떻게 하면 이 대학을 복음화할 것인가?' 를 고민하면서 "주여 이 대학을 내게 주시옵소서!" 하고 기도하고 있었다.

수련회 4일째 되는 날, 어떤 형제가 뚜벅뚜벅 앞으로 나가더니 "나는 이제 복음을 들고 중국에 가려고 합니다." 하는 것이 아닌가? 나는 놀라지 않을 수 없었다. '특별히 어떤 음성을 듣거나 특별한 계기가 있을 때 선교사로 헌신하는 걸 텐데, 멀쩡한 사람이 맨정신으로 어떻게 저런 얘기를 할 수 있을까?' 나는 너무 의아했다. 그 형제는 주님이 자신을 부르고 있다고 하면서 찬송가 "나 같은 죄인 살리신…."을 중국어로 불렀다. 그것은 내게 강한 도전이요 충격이었다. 그때 설교 내용이 무엇이었는지는 기억나지 않지만, 나와 나이 차이도 별로 나지 않는 사람이 복음을 위해 중국으로 간다는 그 말에 나는 큰 감명을 받고 말았다. (그 당시 중국은 개방되지 않은 공산국가였기 때문에 선교사로 나간다는 것은 정말 어려운 일이었다.) 거기서 내게 큰 변화가 일어났다. 20년 동안 깊은 잠에 빠져 있던 내가 비로소 잠을 깬 것이다.

내가 특별히 모태신앙인의 경우를 문제 삼아 말하는 이유는, 모태신앙인들이 대부분 큰 착각에 빠져있기 때문이다. 나도 고등학교 때까지 성경 말씀을 많이 배운 줄 알았는데 돌아보니 배운 것이 거의 없었다. 그 정도 가지고는 세상에 나가서 3~6개월 이내에 타락할 수밖에 없다. 실제 노방전도를 하다 보면 특별히 모태신앙인들이 미지근하다는 걸 알 수 있다. 그들의 미지근한 신앙 상태는 꽤 오래 간다. 지속성이 강하다. 하나님께서 큰 은혜를 베푸셔야 한다. 하나님은 우리가 자원해서 하나님을 섬기길 원하시지, 강제적으로 섬기기를 요구하시는 분이 아니다. 은혜를 받고 하나님께 스스로 나아가야 한다.

기독교 역사상 하나님이 사용하신 인물들 중에는 청년 시절에 회심한 사람들이 많다. 청년 시절에 회심하면서, "아이고, 난 늦었구나. 이제부터 열심히 해야지."한다. 그러나 모태신앙인들은, "나는 어렸을 때부터 교회에 다녔으니까 다 알아. 이제 좀 놀다가 나중에 주님을 섬겨야지. 대학까지 와서 무슨 성경공부인가?"한다. 지금까지 성경을 많이 연구했으며 주님을 위해 많은 봉사를 해서 이런 말을 하는 것인가? 그러나 모태신앙인이나 불신자는 예수님을 믿고 안 믿고의 차이는 있겠지만 성경을 모른다는 면에서는 거의 차이가 없다. 많은 모태신앙인들은 성경 말씀을 제대로 이해하지 못한 채 자신의 신앙에 대해 착각하고 있다.

나는 모태신앙인으로서의 깊은 잠에서 깨어난 후, 한국 상황에서 그리스도인들이 정말 이래서는 안 된다는 것을 깨달았다. 신앙의 첫 세대는 어려운 상황에서 복음을 믿었는데 다음 세대는 부모의 손에 이끌려 어릴 때부터 습관적으로 교회에 다녔다. 그래서 많은 부분에서 이미 면역이 되어 있다. 쉬운 예로 전도를 하라고 해도 거의 반응하지 않는다.

자꾸 모태신앙인의 이야기를 하는 것은 모태신앙인들에게 현재 자신의 모습이 얼마나 가련한지를 알게 하기 위함이다. 하나님께서 그 영광을 한번 보여주셔야 한다. '영광!' 장차 나타날 영광을 한 번도 본 적이 없기 때문에 그들에게는 세상 영광이 더 흥미롭고 매력적으로 다가온다. 그래서 세상 영광에 취해서 '뺀질이'가 된다. 교회는 나오지만 성경공부 모임이라면 불참하고 동기 모임에는 참여한다. 하나님의 일꾼으로 마땅히 준비되어야 하는 이때 놀아버리면 언제 준비되겠는가?

대학, 청년 때부터 착실히 성경 연구를 했던 사람들이 사용되는 것이지, 아무 준비도 없이 실컷 놀다가 나중에 교회 직분자가 되어 봐야 큰 도움이 안된다. 하나님께서는 준비된 자를 사용하신다.

어렸을 때부터 교회 다닌 사람들은 일종의 사각지대에 있다고 볼 수 있다. 어쩌면 하나님의 은혜를 받기 가장 어렵고 비참한 상태에 있는지도 모르겠다. 이런 기본 바탕에서 대학이나 사회에 나가보니 세상은 얼마나 재미있는지! 어느 새 세상 문화에 물들어간다. 한번 타락하기는 쉬우나 거기서부터 회복되는 데는 20년, 30년 세월도 모자랄지 모른다.

내가 알고 있는 많은 사람들이 어릴 때부터 교회에 다녔는데도 중년

이 된 지금까지도 회복이 안 되고 있다. 면역 체계가 아주 잘 되어 있다. 나중에 예순이 넘어서 깨닫고, "아이고, 내가 잘못 살았구나. 이제는 주님을 위해 살아야지."하고 후회하여 노인 대학이니 성경 대학이니 나가 보아야 무엇을 배우겠는가? 하나 배우면 둘을 잊어버리는 나이 아닌가? 그때에는 하나님의 일꾼으로 사용되기 어렵다. 기력도 쇠하고 두뇌 회전도 잘 되지 않는다.

성경의 달란트 비유에 비추어 볼 때 미지근한 신앙인들은 대부분 1달란트 가진 자와 같다. 차라리 믿은 지 1년 된 사람이라면 낫겠는데 신앙생활을 오래 했다는 사람들은 굳어서 변화를 기대하기 어렵다는 것이 나의 경험이다. 물론 모태신앙인으로서 정말 새롭게 거듭난 사람은 대단히 가능성이 많다. 그러나 그것은 어디까지나 가능성에 불과하다.

나와 함께 일하는 동역자들 대부분이 대학, 청년 시절에 회심한 사람들이다. 그들에게는 대단한 열심이 있다. 제일 불쌍한 사람이 미지근한 신앙인이다. 정말 어떻게 할 수가 없다. 내 자신이 바로 그랬다. 주일이 되면, '나는 오늘 또 교회에 가야 하는구나. 세상 친구들은 다 노는데 나는 혼자 교회에 가야 하는구나.' 하고 생각했다. 기쁨이 없었다.

이전에 내가 그렇게 지냈기 때문에, 소위 모태신앙인이거나 어릴 때부터 교회에 다닌 사람들은 정말 자신의 신앙이 어떠한지 확인하는 기회를 갖기 바라는 마음이 간절하다. 이번 기회가 일생에 다시는 안 올지 모르는 기회다. 직장생활을 하게 되면 빠듯한 시간에 쫓기기 쉽다. 뭔가 하려면 대학, 청년 시절에 준비해야 한다. 직장을 얻으려면 그에 관련된 전공 공부를 열심히 해야 하는 것처럼, 주님을 위해 사용되기를 원한다면 지금부터 열심히 성경을 연구해야 한다.

  그리고 깨어 근신하라. 이 세상의 세속적인 정신에 뿌옇게 물든 상태에서 깨어 근신하기가 얼마나 어려운가? 우리 젊은이들이 대학 시절, 청년 시절을 헛되이 보내지 말고 열심히 성경을 연구하고 깨어 근신하여 하나님을 위해 잘 준비되기를 바란다. 말세 어두운 이 때, 주님께서 일꾼이 심히 적다고 하셨음을 기억하고 우리의 생을 온전히 드려 하나님 나라 확장을 위해 끝까지 전투하는 성도가 되기를 소망한다.

사명선언문

너희가 흠이 없고 순전하여……세상에서 그들 가운데 빛들로
나타내며 생명의 말씀을 밝혀 _ 빌 2:15-16

1. 생명을 담겠습니다
만드는 책에 주님 주신 생명을 담겠습니다.
그 책으로 복음을 선포하겠습니다.

2. 말씀을 밝히겠습니다
생명의 근본은 말씀입니다.
말씀을 밝혀 성도와 교회의 성장을 돕겠습니다.

3. 빛이 되겠습니다
시대와 영혼의 어두움을 밝혀 주님 앞으로 이끄는
빛이 되는 책을 만들겠습니다.

4. 순전히 행하겠습니다
책을 만들고 전하는 일과 경영하는 일에 부끄러움이 없는
정직함으로 행하겠습니다.

5. 끝까지 전파하겠습니다
모든 사람에게, 땅 끝까지, 주님 오시는 그날까지
복음을 전하는 사명을 다하겠습니다.

서점 안내

광화문점　서울시 종로구 새문안로 69 구세군회관 1층
　　　　　　02)737-2288 / 02)737-4623(F)

강남점　　서울시 서초구 신반포로 177 반포쇼핑타운 3동 2층
　　　　　　02)595-1211 / 02)595-3549(F)

구로점　　서울시 동작구 시흥대로 602, 3층 302호
　　　　　　02)858-8744 / 02)838-0653(F)

노원점　　서울시 노원구 동일로 1366 삼봉빌딩 지하 1층
　　　　　　02)938-7979 / 02)3391-6169(F)

일산점　　경기도 고양시 일산서구 중앙로 1391 레이크타운 지하 1층
　　　　　　031)916-8787 / 031)916-8788(F)

의정부점　경기도 의정부시 청사로47번길 12 성산타워 3층
　　　　　　031)845-0600 / 031)852-6930(F)

인터넷서점　www.lifebook.co.kr